"Este livro impactou ime[...]  [...]
conversava com meus netos sobre alguns momentos de ensinamento na vida deles. Smith reúne Escritura e ilustrações de uma maneira que faz com que você queira se sair melhor nessas conversas, e o ajuda a saber como fazê-lo."

    Ed Welch, Docente e Conselheiro, Christian Counseling & Educational Foundation (CCEF); autor, *Aconselhando uns aos outros* e *Sacerdócio real*

"Se você for como eu, talvez tenha lido o título deste livro, *Converse com seus filhos: educando na linguagem da graça*, e tenha sentido a necessidade de abafar um gemido. *Oh, não... aí vem a culpa!* Por favor, não faça essa suposição. Assim como o título, este livro está repleto de palavras de graça: graça para você como pai ou mãe e graça para você como filho ou filha do único Pai que sabe o que é sempre falar com palavras de graça. Esta obra está cheia de um encorajamento profundamente satisfatório para sua alma e é escrita de uma maneira cativante e honesta. Você ficará feliz em ler. Você realmente ficará feliz."

    Elyse Fitzpatrick, autora, *Pais fracos, Deus forte*

"Um recurso rico carregado de percepção das Escrituras. Os que amam a Bíblia apreciam o uso e a aplicação que Smith faz do texto bíblico. Os pais serão consolados por não estarem sozinhos em algumas de suas dificuldades e por terem recebido instruções sobre como ser bons pais."

    Ajith Fernando, Diretor de Ensino, Youth for Christ, Sri Lanka; autor, *The Family Life of a Christian Leader* e *Discipling in a Multicultural World*

"O livro *Converse com seus filhos: educando na linguagem da graça* faz o que diz seu título. Em capítulos curtos e fáceis de ler, Bill Smith apresenta aos pais a graça surpreendente de Deus para suas próprias vidas e ajuda as mães e os pais a entenderem como aplicar essa graça em suas famílias. A sabedoria encontrada nestas páginas ajudará você a amar seus filhos apesar das falhas deles, confiar em Deus em relação ao resultado da sua criação e encorajar seus filhos ao longo das provações que eles enfrentam."

Marty Machowski, Pastor Executivo, Covenant Fellowship Church, Glen Mills, Pennsylvania; autor, *Deus fez meninos e meninas*; coautor, *Ministério infantil*

"Eu sou alérgico a livros cristãos que apresentam fórmulas, que são pedantes e que mais se parecem com um manual de instruções sobre criação de filhos. Felizmente, este livro *não é* assim. Bill Smith reconhece que a criação de filhos moldada pelo evangelho é mais como uma arte do que como matemática; precisamos depender mais do Espírito Santo do que precisamos de qualquer manual de instruções! Mais importante ainda, Smith exorta os pais cristãos a enxergarem o papel que Deus lhes deu como um papel autoritativo, sim, mas também formativo, pois eles usam suas *palavras* e *conversas* para estabelecerem um relacionamento com seus filhos que é centrado em Cristo e que pode continuar por toda a eternidade. Recomendo este livro a vocês e eu mesmo já me beneficiei com ele."

Jon Nielson, Pastor Sênior, Spring Valley Presbyterian Church, Roselle, Illinois; coeditor, *Gospel-Centered Youth Ministry*

"Quem não quer convidar seus filhos a um relacionamento saudável e vibrante? Eu sei que eu quero. Bill Smith dá uma visão convincente de como nossas palavras e conversas moldam nossa parentalidade e de como, por meio de nossas palavras, somos o veículo pelo qual nossos filhos enxergam a Deus. Eu li este livro e quis ir conversar com meus filhos. Você também irá."

Courtney Reissig, autora, *Glory in the Ordinary*

"Uma leitura poderosa e encorajadora! Bill Smith destaca o poder de nossas palavras como motivadores para que nossos filhos busquem um relacionamento real e duradouro com Jesus Cristo. Ele oferece encorajamento para nossas palavras fracassadas e auxílio para nossas palavras futuras."

Shona Murray, coautora, *Refresh: Vivendo no ritmo da graça em um mundo acelerado*

WILLIAM P. SMITH

CONVERSE com seus FILHOS

Educando na linguagem da graça

Dados Internacionais de Catalogação na Publicação (CIP)
(eDOC BRASIL, Belo Horizonte/MG)

S663c Smith, William Paul.
Converse com seus filhos / William P. Smith; tradutora Karina Naves. – São José dos Campos, SP: Fiel, 2022.
250 p. : 14 x 21 cm

Título original: Parenting with Words of Grace
ISBN 978-65-5723-242-2

1. Pais e filhos – Aspectos religiosos – Cristianismo. 2. Paternidade. 3. Comunicação oral. I. Naves, Karina. II. Título.
CDD 248.8

Elaborado por Maurício Amormino Júnior – CRB6/2422

CONVERSE COM SEUS FILHOS:
educando na linguagem da graça

Traduzido do original em inglês
Parenting with Words of Grace: Building Relationships with Your Children One Conversation at a Time

Copyright © 2019 por Crossway.
Todos os direitos reservados.

■

Originalmente publicado em inglês por
Crossway,
Wheaton, Illinois.

Copyright © 2022 Editora Fiel
Primeira edição em português: 2023

Todos os direitos em língua portuguesa reservados por Editora Fiel da Missão Evangélica Literária

Proibida a reprodução deste livro por quaisquer meios sem a permissão escrita dos editores, salvo em breves citações, com indicação da fonte.

Os textos das referências bíblicas foram extraídos da Versão Almeida Revista e Atualizada, 2ª ed. (Sociedade Bíblica do Brasil), salvo indicação específica.

■

Editor-chefe: Tiago J. Santos Filho
Supervisor Editorial: Vinicius Musselman Pimentel
Coordenador Gráfico: Gisele Lemes
Editor: Renata do Espírito Santo
Tradutor: Karina Naves
Revisor: Bruna Gomes Ribeiro
Diagramador: Rubner Durais
Capista: Rubner Durais

ISBN brochura: 978-65-5723-242-2
ISBN e-book: 978-65-5723-241-5

Caixa Postal 1601
CEP: 12230-971
São José dos Campos, SP
PABX: (12) 3919-9999
www.editorafiel.com.br

Para Cassie, Timmy e Danny,
vocês acrescentaram tanto à minha vida e a este livro –
sem vocês, ambos seriam infinitamente menos ricos.

Sumário

Apresentação por Paul David Tripp 11
Introdução 17

PARTE 1: A VISÃO

1. Criar filhos é um convite 25
2. O convite está incorporado em suas conversas 33
3. Como Jesus conversa com amigos distantes 39
4. História ampliada: lugar sagrado 45
5. Você conversa sem garantia nenhuma 51
6. Você conversa a partir da graça que você já ouviu 59
7. História ampliada: "Entre na van" 67
8. Seus filhos precisam que você converse com eles... e muito 73
9. História ampliada: O funeral da bisavó 81

PARTE 2: A ESPERANÇA

10. Algumas vezes você não quer conversar 87
11. Abraão fala inapropriadamente por Deus 95
12. Deus fala por Abraão 103
13. Jesus fala por você 109
14. Você leva palavras a Deus 117
15. Pratique arrepender-se por utilizar mal a sua boca 123
16. Você ouve palavras de Deus 127
17. Você leva palavras aos seus filhos 133
18. Falando verdade e amor 141

PARTE 3: A HABILIDADE DO ENCORAJAMENTO

19. Quando você deve encorajar?..149
20. O encorajamento leva tempo..157
21. Substitua palavras negativas em casa e fora de casa.................163
22. Procure o positivo na forma de semente....................................173
23. Seja encorajado quando você estiver cansado de encorajar......181

PARTE 4: A HABILIDADE DA HONESTIDADE

24. O objetivo da honestidade: resgate..189
25. Pense antes de falar..197
26. Seja um espelho que convida à participação............................205
27. Mire no coração...213
28. Lidere com o seu pior pé na frente..221
29. Construa pontes com os seus fracassos.....................................229
30. Espere que seus filhos cometam erros.......................................237
31. História ampliada: Pegando uma line drive... ou não...............247
32. Por que você realmente quer ter um estilo de vida perdoador....251

Posfácio: Você é um megafone..257

Apresentação

Alguns livros são informativos, e às vezes novas informações podem mudar a nossa vida. Alguns livros confrontam, e às vezes precisamos de alguém que interrompa nossas conversas particulares para nos ajudar a nos enxergar com mais precisão e a avaliar nosso comportamento com mais humildade. Alguns livros nos dão esperança. Todos nós sabemos que, às vezes, a esperança é difícil de encontrar e, por ser difícil de encontrar, a alegria é difícil de experimentar. E quando não se tem alegria, é difícil estar motivado para fazer as coisas desconfortáveis que todos nós temos que fazer neste mundo caído. O que eu aprecio neste livro é que ele faz cada uma dessas coisas muito bem.

Eu sou pai e, embora meus filhos sejam adultos, eu ainda converso com eles, por isso o que eu li aqui foi grandemente revelador, útil e encorajador. À medida que eu lia, milhares de cenas de criação de filhos da minha vida voltaram à memória; algumas me deixaram gratos, algumas me fizeram rir e algumas me causaram pesar. Mas enquanto eu revivia essas cenas, quatro coisas me vieram à mente.

1. *Nosso primeiro momento com nossa filha Nicole.* Lembrarei desse momento para sempre. Nicole é adotada,

e a primeira vez que colocamos nossos olhos nela foi em um portão que tinha sido reservado para nós no aeroporto da Filadélfia. Ela tinha apenas quatro meses de idade, e a pessoa que a acompanhava a carregou de modo que a pequena Nikki ficou de frente para nós quando ela se aproximava. Ficamos imediatamente emocionados quando vimos seu pequeno rosto sorridente, mas desmoronamos quando a acompanhante nos entregou esse pequeno ser humano e depois desvaneceu-se para o fundo. Num momento, uma vida humana nos foi entregue e colocada aos nossos cuidados. O significado inescapável do que significa ser pais nos atingiu com mais força do que jamais nos havia atingido antes. Deus havia colocado uma vida em nossas mãos — uma pequena pessoa totalmente dependente cuja vida seria em grande parte moldada pelo que decidiríamos para ela, como agiríamos em relação a ela e o que diríamos a ela.

Aquela pessoa que tínhamos em nossas mãos teria sua visão de si mesma moldada por nós e seu conhecimento de Deus formado por nós. Sua perspectiva dos relacionamentos viria de nós, seu senso de certo e errado seria esculpido por nós, e tudo isso seria construído por milhares e milhares de interações que teríamos com ela. Sentimo-nos sobrecarregados, despreparados e indignos e, por nos sentirmos assim, nós clamamos a Deus por graça para representá-lo bem na vida dessa pequena. Conforme escrevi em outro lugar, ficamos impressionados com o fato de que poucas coisas são mais importantes na vida do que ser a ferramenta de Deus para a formação de uma alma humana.[1]

---

1 Paul David Tripp, *Parenting: 14 Gospel Principles That Can Radically Change Your Family* (Wheaton, IL: Crossway, 2016), p. 21.

2. *O incrível poder das palavras.* Por meio de palavras, Deus criou este incrível cosmos a partir do nada. Por meio de palavras, Deus nos revelou a história da redenção e todas as verdades explicativas a ela ligadas. Por meio de palavras, Jesus nos mostrou o coração do Pai e a natureza de seu reino. Por meio de palavras, Jesus curou os enfermos e ressuscitou os mortos. Por meio de palavras, o apóstolo Paulo nos explicou como é a graça e como ela funciona. Por meio de palavras, Satanás nos tenta a duvidar da sabedoria e da bondade de Deus e a ir além dos limites de Deus. Palavras são poderosas.

Com palavras, você pode trazer lágrimas aos olhos de seu filho. Com palavras, você pode dar a um filho desesperançado uma razão para continuar. Com palavras, você pode ajudar um filho solitário e alienado a sentir-se amado e aceito. Com palavras, você pode acender fogos de ira no coração de um filho. Com palavras, você pode acalmar a tempestade das emoções de seu filho perturbado. Com palavras, você pode ajudar um filho espiritualmente cego a enxergar Deus. Com palavras, você pode estimular um filho rebelde a considerar fazer o que é certo. Com palavras, você pode iniciar o processo de cura de um relacionamento rompido. Com palavras, você pode ajudar um filho a interpretar o passado e pode planejar avisos para o futuro.

Palavras são poderosas. Você falará ao seu filho e o que você dirá sempre produzirá algum tipo de colheita no coração e na mente dele.

3. *Falar a verdade nem sempre é útil.* Essa declaração pode causar-lhe surpresa, mas este livro me fez lembrar de como é importante entender esse conceito. A verdade pode ser uma maravilhosa ferramenta de graça ou uma arma de destruição.

Você pode dizer algo verdadeiro para o seu filho, mas de uma forma que o magoe. Você pode falar a verdade à sua filha em um ambiente público que a envergonhe desnecessariamente. Você pode usar a verdade para nunca deixar seu filho viver além dos erros do passado. A verdade pode ser uma ferramenta de vingança ou uma ferramenta de perdão. Uma ferramenta para derrubar ou para construir. A verdade pode abrir um coração ou fazer com que ele seja defensivo. Poucas coisas são mais importantes na sua criação de filhos do que a forma como você usa a ferramenta da verdade.

É por isso que a Bíblia nos chama a "[falar] a verdade em amor" (Ef 4.15) ou a falar apenas palavras "que transmitam graça aos que ouvem" (Ef 4.29). Você saberá coisas sobre seus filhos — coisas sobre sua personalidade, seus pontos fortes e fracos, suas suscetibilidades, suas escolhas passadas, seu nível de maturidade, sua espiritualidade, seus melhores e piores momentos. É quase impossível superestimar a importância da maneira como você usa a verdade que você sabe sobre seus filhos nos milhares e milhares de encontros momentâneos, dia a dia, que Deus planejou para que você tenha com eles.

4. *A impossibilidade do que Deus nos chama a fazer e a dizer como pais.* Simplesmente não é possível que pessoas que ainda têm pecado dentro de si façam o que Deus nos chamou a fazer e falem como Deus nos chamou a falar baseadas nas forças delas próprias. Se vamos falar como ferramentas de sabedoria, resgate e graça transformadora de Deus na vida de nossos filhos, o que deve acontecer repetidamente não é o resgate deles. Não. Nós precisamos ser resgatados de nós mesmos.

Apresentação

Precisamos admitir humildemente que as palavras que dizemos vêm do que está dentro de nós, não de quem são nossos filhos e do que eles fizeram. Precisamos da graça para admitir que nossas palavras como pais revelam o quanto ainda precisamos do resgate, momento a momento, e do perdão da graça de Deus. Precisamos da graça para nos preocupar mais com o pecado que ainda vive em nós do que com o pecado que vemos em nossos filhos. E todos precisamos nos lembrar de que ninguém dá graça com mais amor e paciência do que o pai ou a mãe que confessa o quanto precisa dessa graça. E, finalmente, Deus nunca nos chama a fazer algo sem nos habilitar para fazê-lo, e ele nunca nos envia para algum lugar sem ir conosco.

Esses quatro pensamentos não só foram estimulados por este livro, mas também formam a razão pela qual eu acho que este livro é tão útil e encorajador. Bill Smith conhece o significado do chamado dos pais, ele conhece bem o poder das palavras, ele entende que falar a verdade nem sempre é útil, e ele entende quão dependentes os pais são do sempre fluente e abundante suprimento de graça de Deus. Por causa disso, posso lhe dizer com certeza que este livro vai mudar a maneira como você pensa sobre a forma como você fala não só com seu filho, mas também com todas as outras pessoas em sua vida. Mas este livro fez algo mais por mim e acho que também fará o mesmo por você: tornou-me ainda mais grato pela pessoa, pela presença, pelo poder e pela graça de Jesus.

Recomendo com alegria qualquer livro que lembre aos pais a graça de Jesus, porque viver com essa consciência muda a maneira como você age e como você fala com seus filhos, e este livro faz isso assim como qualquer livro de criação de filhos que eu tenha lido. Leia e permita que Deus use o sábio conselho de Smith para afiá-lo como ferramenta da graça de Deus na vida daqueles que ele confiou aos seus cuidados.

Paul David Tripp
Dezembro de 2018

Introdução

Foi uma conversa difícil, e não estava progredindo. Meu filho e eu nos colocamos em posição de luta na sala de estar, e você podia sentir a tensão aumentando a cada fala, à medida que cada pessoa se entrincheirava, endurecendo sua posição. Era possível ver isso em nosso rosto. Era possível ouvir em nossa voz e nas palavras que usávamos. A situação ainda não estava fora de controle, mas também não havia sinais de que se moveria em uma direção saudável.

Então, em um momento particularmente tenso, fui atingido pelo pensamento: "Tenha muito cuidado neste momento, porque o que você disser em seguida terá impacto em seu relacionamento com ele muito além de hoje". Esse momento de percepção ajudou-me a reformular o que eu disse. Não desarmou tudo imediatamente, mas foi possível sentir a atmosfera na sala começando a mudar. Agora estávamos trabalhando para uma resolução, em vez de uma nova escalada. Pensar no futuro e no que eu queria para nós dois naquele futuro afetou o que eu disse no presente e ajudou a nos colocar em um rumo diferente.

Aquele momento de conversa estava carregado de forma singular, mas, em sua essência, era como qualquer outro. As coisas que você escolhe dizer ou não dizer e a forma como você as diz ou convidarão as pessoas ao seu redor a desfrutarem de um maior relacionamento com você ou as advertirão contra ter algo mais relacionado a você. Cada conversa vem com uma pergunta implícita e silenciosa que diz: "Você estaria interessado em construir uma amizade contínua comigo no futuro com base em como você está vivenciando este momento hoje?".

A consciência desse convite implícito me foi profundamente útil em transformar o que estava prestes a dizer ao meu filho e a forma como eu diria, tanto naquele momento como em muitas outras conversas desde então.

Aquela consciência também foi profundamente perturbadora. Eu não consigo começar a contar o número de coisas destrutivas que eu já tinha dito a ele no curso de sua vida ou de quantas formas danosas eu as disse. E o pior, essa percepção não apenas chegou tarde demais para evitar um passado marcado, mas ela nem sempre teve esse poder de remodelar as conversas com meu filho desde então. Meus fracassos de comunicação após aquele dia são numerosos demais para serem contados.

Mas isso não me deixa desesperançado. Felizmente, o que é verdadeiro sobre nós e nossas palavras também é verdadeiro sobre Deus. Quando fala conosco, ele não só revela seu caráter e sua personalidade, mas também revela como ele é em relação a nós. Essas interações nos dão motivo para confiarmos nele enquanto aprendemos a forma como ele nos trata, especialmente durante aqueles momentos em que tornamos a vida dele mais difícil — como naqueles momentos em que falamos de forma ruim com nossos filhos.

À medida que Deus fala conosco, levando em consideração nossas fraquezas, nossa imaturidade, nossos temores, nossa arrogância, nossa ignorância e, até mesmo, nossa falta de confiança, descobrimos alguém que é digno de ser conhecido — alguém que não usa nosso pecado contra nós, mas que nos trata melhor do que merecemos.

Quando Deus fala conosco de forma gentil, porém direta, ele nos dá motivos para confiarmos nele e, por sua vez, para querermos mais dele. Suas palavras nos convidam a um relacionamento de longo prazo à medida que nós experimentamos, mais uma vez, o evangelho por meio delas. E ao ouvi-lo conversar com você, é possível aprender a falar com seus filhos de maneiras semelhantes que lhes darão motivos para quererem continuar a conversa com você, apesar dos muitos passos errados que tenha dado.

A Parte 1 deste livro, "A visão", explora como suas palavras, assim como as palavras de Deus, convidam para um relacionamento de longo prazo ou o repelem. Relacionamentos são dinâmicos. Eles estão sempre mudando. Cada conversa sua altera o relacionamento, empurrando-o em uma direção ou em outra. As inúmeras conversas que você tem com seus filhos são oportunidades diárias para convidá-los a desfrutarem da construção de um relacionamento satisfatório e de longo prazo com você. Esse tipo de relacionamento é modelo do relacionamento que eles poderiam ter com o Deus que deseja tanto se comunicar com as pessoas a ponto de nos ter dado o dom da linguagem.

A Parte 2, "A esperança", no entanto, reconhece a triste realidade de que você nem sempre disse coisas que promovem relações positivas com seus filhos. Antes que você possa abraçar com confiança um bom futuro com eles, você precisa de motivos para acreditar que os seus fracassos do passado não controlam esse futuro. Você precisa ter esperança de que você não prejudicou tanto o seu relacionamento com seus filhos a ponto de ele estar além de conserto.

A confiança da qual você precisa só pode vir a partir de enxergar que Deus não o deixa à mercê dos seus fracassos. Em vez disso, ele continua se relacionando com você, inserindo-se em sua vida para restaurá-lo, a fim de que você seja o pai ou a mãe que ele sempre intentou que você fosse. Ele vem até você para lhe mostrar maneiras de viver com retidão, mesmo depois dos seus fracassos, que são garantidas para restaurar seu relacionamento com ele e que convidarão seu filho a algo muito melhor do que aquilo que vocês dois têm tido.

As partes 3 e 4 exploram as habilidades necessárias para que você ofereça esse convite usando como guia a ampla autenticação de Paulo de "falar a verdade em amor" (Ef 4.15). Ambas as seções continuarão amarrando o que dizemos a nossos filhos com o que ouvimos de Deus. Podemos comunicar o rico conteúdo do evangelho que os convidam a relacionamentos — com Deus e conosco — centrados no evangelho, apenas quando falamos a partir de nossa própria confiança nesse mesmo evangelho.

A Parte 3, "A habilidade do encorajamento", estuda o antídoto para as conversas que falam mais facilmente aquela verdade que não está preocupada com a outra pessoa — quando a "verdade" deixa de fora o amor. Se isso é uma tentação para você, então você quer aprender a falar a verdade que edifica seus filhos em vez de derrubá-los.

A Parte 4, "A habilidade da honestidade", olha para o problema oposto de reter a verdade por medo de que a outra pessoa não goste dela — quando o "amor" deixa de fora a verdade. Se essa é sua tendência, então você vai querer aprender a falar a verdade com coragem, mesmo que isso leve a momentos embaraçosos, partindo de um desejo de ajudar seus filhos a se tornarem fortes o suficiente para se afastarem de coisas que os machucariam.

Deixe-me dizer mais uma coisa para encorajá-lo antes de começarmos. Você não precisa esperar até que você e seu filho estejam em uma situação de relacionamento saudável para ter conversas fundamentadas no evangelho que mantenham a esperança de um bom futuro com ele. O evangelho não requer um ponto de partida positivo. Não requer nem mesmo um ponto de partida neutro. Na verdade, ele está acostumado a entrar na ruptura das relações humanas. Ele prospera ali.

Você provavelmente já sabe disso. Em sua própria vida, o evangelho teve de começar em um lugar negativo — Deus veio até você e começou a conversar com você depois que você arruinou seu relacionamento com ele e cavou um buraco do qual não conseguia sair. Ele não esperou para se envolver até que você e ele estivessem em boas condições de falar. Em vez disso, ele entrou de forma otimista em sua vida, acreditando que as coisas entre vocês dois não precisavam ficar como estavam. Apenas o envolvimento dele garante que seu relacionamento com ele será melhor do que era antes.

Da mesma forma, a despeito dos relacionamentos manchados ou mesmo quebrados com seus filhos, você pode aprender a envolvê-los na conversa de maneiras que comecem a desfazer os efeitos de rupturas passadas e a oferecer-lhes um futuro melhor — um futuro melhor com você, o qual lhes dará um gostinho de como poderia ser um futuro com Deus.

Parte 1
A VISÃO

Criar filhos envolve incontáveis interações
por meio das quais você convida futuros pares em potencial
a um relacionamento contínuo,
caso eles escolham fazê-lo.

1
Criar filhos é um convite

Criar filhos não é ter algo que funciona. É a prática de cortejar.

Depois de terminar de falar com um grupo de mães sobre criação de filhos, uma das senhoras veio até mim e disse: "Vejo como não tenho sido muito gentil com meus filhos, portanto, se eu fosse mais gentil nas coisas que digo e faço, então as coisas provavelmente funcionariam melhor em minha casa, certo?".

Bem, eu não acho que ela esteja errada, mas ela não entendeu o ponto do que eu estava tentando dizer. O ponto na criação de filhos não é que as coisas funcionem melhor em nossa casa — que a vida seja um pouco mais fácil e que as coisas corram mais tranquilamente. Esse não é o objetivo, mas é o que ela queria. E assim ela estava procurando algum tipo de método que, uma vez dominado, garantiria certos resultados se ela apenas investisse a quantidade certa de tempo e esforço nele. Ela queria algo que funcionasse.

A criação de filhos não é algo que "funciona". A criação de filhos exige que você invista tempo e energia sem saber ao certo qual será o resultado. Isso é verdadeiro para todos os relacionamentos, mas é surpreendente quando você percebe que vai se entregar a seus filhos, curvar sua vida ao redor deles, sacrificar-se por eles, mudar seu mundo por eles e, ainda assim, não ter nenhuma garantia de que eles responderão bem.

Quem quer isso? Eu não quero. Eu quero alguma certeza. Quero alguma sensação de que se eu disser a coisa certa e fizer a coisa certa, então meus filhos responderão positivamente a mim, e eu pelo menos obterei um pouco do resultado que estou procurando. Só que não há certezas. Isso provavelmente não é o que você quer ouvir. Eu sei que não é o que eu quero ouvir.

Você e eu não estamos sozinhos. Um pai colocou as coisas da seguinte maneira: "Sei que não é certo, mas estou mais inclinado a iniciar conversas se eu souber que haverá um retorno. Se eu sei que o que vou dizer vai funcionar, então estou dentro. Mas se eu não sei, se não tenho certeza, então tenho tendência a recuar. Fico hesitante em dizer qualquer coisa". Ele está procurando algo que aumente suas chances de um resultado favorável. Ele está procurando um retorno garantido antes de investir.

Acho que ele está falando por muitos de nós. Porém, criar filhos não se trata de descobrir a coisa certa a fazer ou a dizer a fim de gerar um resultado específico; trata-se de uma pessoa a ser amada. E quando você está falando em amar uma pessoa, percebe que não há fórmulas que sempre funcionam, o que significa que não há garantias e nenhum retorno certo sobre seu investimento.

Infelizmente, em minha experiência como conselheiro e pastor (e como pai!), as pessoas querem esse retorno. E querem isso agora. E assim elas conversam com seus amigos e mentores, leem livros e vão a seminários, se abrem a qualquer estratégia que lhes dê a esperança de que podem chegar o mais perto possível de um resultado garantido.

Eles vêm com um problema claramente definido — ou a criança está fazendo algo que os pais precisam interromper, ou a criança não está fazendo algo que os pais querem que ela comece a fazer —, então buscam um método que promete resolver o problema que eles enxergam.

Mas aí reside a armadilha. Quando você define a criação de filhos como a resolução que parte de um adulto para um problema criado por um filho, então você pensará principalmente em termos de colocar seu filho de volta na linha. Nesse caso, a criação de filhos torna-se uma interação negativa que tenta acabar com a tensão doméstica gerada entre o que você quer e o que seu filho está fazendo.

Então, como você evita a armadilha? Você se recusa a permitir-se pensar apenas em termos do que você deve ou não fazer. Você se obriga a olhar além do problema e a enxergar a pessoa — seu filho —, o que o leva a pensar em termos relacionais, e não meramente em termos comportamentais.

Você pensa no que significa amar seus filhos naquele momento mais do que amar o que você quer deles ou mesmo o que você quer para eles. É somente quando você os enxerga e os valoriza como indivíduos que você tem qualquer esperança de desenvolver conexões saudáveis com eles. Comece então por, no mínimo, considerar: quem são eles? Qual é a identidade mais fundamental deles?

Antes de tudo, seus filhos não são seus. São de Deus. Ele os criou e assume a responsabilidade primária por eles. Eles estão sob os seus cuidados apenas secundariamente e, mesmo assim, apenas temporariamente.

Eles são seus filhos — eles podem até ter vindo de seu corpo —, mas também são seres autônomos por direito próprio. Quando Deus os criou, ele não consultou você. Você não escolheu nenhum dos atributos, das virtudes, dos talentos, dos dons, das fraquezas, das inseguranças ou das lutas dos seus filhos.

Nesse sentido, eles não são miniaturas suas — versões menores de você, cuja razão de ser é refletir sua glória e fazer você ficar bem perante os outros. Eles tampouco são uma espécie ligeiramente sub-humana que precisa ser socializada através do uso de gráficos inteligentes para obter um bom comportamento até que tenham idade suficiente para sobreviver por conta própria. Eles são imagens de Deus, independentes de você, mas relacionados a você.

Isso significa que seus filhos são seres eternos, que, tendo começado a vida, continuarão a viver indefinidamente. Pense na lacuna de maturidade entre você e eles neste exato momento. Independentemente de quão grande seja, essa lacuna continuará a diminuir com o passar do tempo, tornando-se menos significativa até que seja imaterial. Na verdade, seus filhos o superarão em muitas áreas, se ainda não o fizeram. Olhe para o futuro: quão importante será sua vantagem de vinte e cinco quando ambos tiverem dez mil anos de idade? À medida que seus filhos crescerem e amadurecerem, de acordo com o projeto de Deus, eles e você terão o potencial para se tornarem pares.

Criar filhos, portanto, significa investir nesses seres humanos semelhantes, mas sem enrolar meu mundo ao redor deles nem tentar fazê-los enrolar o mundo deles ao meu redor. Em vez disso, criar filhos é a soma total das interações entre dois seres humanos, por meio da qual convido regularmente uma pessoa ligeiramente mais jovem para uma relação que cada vez mais fecha a lacuna de maturidade entre nós.

Deus convida você — você convida seus filhos

A boa notícia para o povo de Deus é que você já sabe como é esse tipo de relacionamento. Mesmo que esteja apenas começando a conhecer a Deus, agora você vê as coisas muito mais parecidas com a forma como ele enxerga do que você enxergava antes — a diferença diminuiu porque você cresceu. E continuará encolhendo à medida que seu Pai no céu cria você como filho.

O apóstolo Paulo fala sobre como o povo de Deus se desenvolve até que coletivamente sejamos um corpo cuja maturidade em todos os aspectos corresponderá à sua cabeça, que é Cristo (Ef 4.15). Nos Salmos, Asafe faz comentários obscuros sobre as pessoas serem deuses, insinuando que podemos ser mais do que os olhos conseguem ver (Sl 82.6), enquanto Pedro declara abertamente que, pelo poder de Deus, podemos agora compartilhar de sua natureza divina (2Pe 1.3-4; veja também Gl 2.20; 1Jo 3.2).

Nós não nos tornamos Deus. Nem jamais seremos iguais a Deus. Mas Deus planeja um relacionamento de longo prazo conosco, de modo que compartilhamos de sua natureza e, embora não sejamos iguais a ele, nos tornamos um parceiro adequado a ele (Ef 5.31-32). Crescemos à medida que ele interage conosco no presente, com um olho voltado para o futuro. Grande parte dessa interação vem de escutá-lo falar conosco — com certeza, enquanto oramos e ainda mais claramente nas Escrituras.

Deus fala, e suas palavras atraem você naquele momento, pois cada vez que ele fala, ele lhe fala de si mesmo. Deus lhe diz como ele é — o que ele valoriza, o que é importante para ele e o que não é. Deus lhe diz onde estão os comprometimentos dele e o que ele pensa ser essencial na vida.

Mas suas palavras também lhe dizem como ele se relaciona — como ele trata as pessoas, como espera que os relacionamentos aconteçam, o papel que ele desempenha na vida dos outros e o papel que os outros desempenham na vida dele. E você aprende que Deus não simplesmente trata você bem quando você tem sido bom. Ele o trata bem quando você não tem sido bom — não lançando no seu rosto seus pecados, tratando-o melhor do que você merece, e todo o tempo falando gentilmente e ainda assim diretamente a você. Deus lhe fala de maneiras que você gostaria que falassem com você, dando-lhe motivos para querer mais dele.

Ao pensar em como Deus é como pessoa e como ele se relaciona com as pessoas, você percebe: "Eu poderia gostar de alguém assim. Se esse é o tipo de pessoa que ele é, e se é assim que ele trata as pessoas, então eu quero mais disso. Eu quero mais dele. Eu gostaria de conhecê-lo melhor".

É aí que você percebe que as palavras dele fazem mais do que simplesmente engajar você no momento presente. Elas trazem um convite implícito para o futuro que pergunta: "Com base no que acabei de dizer, você acha que eu sou alguém que vale a pena conhecer? Com base na forma como acabei de falar com você, eu sou alguém com quem você gostaria de ter um relacionamento de longo prazo"?

As palavras de Jesus lhe dão razão para confiar nele. Na Bíblia, você o escuta falar com pessoas fracas, feridas, ameaçadas ou em perigo e descobre que ele não se aproveita delas. Ele não as esmaga. Não as afasta. Não as odeia. Suas palavras não quebram relacionamentos. Em vez disso, ele usa palavras para fomentar um relacionamento maior.

Enquanto Jesus fala, experimentamos a graça do evangelho, e o evangelho nos transforma, tornando-se parte de nós, de forma que suas palavras se tornem parte de nós. Então, falamos com aqueles que nos rodeiam de maneiras semelhantes à forma como ele falou conosco.

A mesma dinâmica entre você e Deus está em ação entre você e seus filhos. Toda vez que surge a possibilidade de uma conversa, você está comunicando a eles exatamente as mesmas coisas que Deus comunica a você: "É assim que eu sou como pessoa — isso é o que eu valorizo; isso é o que importa para mim; isso é o que eu penso da vida; isso é o que eu penso de você".

E você também está comunicando como é nos relacionamentos: "É assim que eu sou em um relacionamento — é assim que eu trato as pessoas; é assim que eu interajo; esses são os tipos de coisas que eu digo; essa é a maneira como eu as digo".

E assim como Deus, você não só está comunicando essas coisas sobre o momento presente, mas também está convidando as pessoas ao seu redor para algo mais. Quer você escolha falar ou não, você não só está dizendo quem você é e como você se relaciona, mas também está perguntando: "Com base no que eu acabei de dizer, você quer menos ou mais de mim?".

Aqui está o pontapé inicial: você sempre está fazendo isso. Você não pode evitar. Nossos filhos — que no curso normal da vida passam uma quantidade significativa de seus anos mais formativos conosco — ouvem esse convite embutido com muita clareza. As coisas que escolhemos dizer ou não dizer e a maneira como as dizemos são um convite para um relacionamento maior ou uma advertência contra um relacionamento maior.

Criar filhos, então, é o privilégio de cortejar potenciais futuros pares — imagens menores e menos desenvolvidas de Deus — convidando-os, se assim eles o desejarem, a relacionamentos verticais e horizontais que podem durar mais tempo.

Agora você vê por que a criação de filhos não "funciona"? Não é possível que funcione. Você não pode forçar seus filhos a amá-lo ou a quererem estar com você ou a trabalharem bem com você. Mas você pode cortejar. Você pode dar-lhes uma experiência de vida no mundo de Deus que os convida a ter mais. Você pode usar palavras para amá-los, buscá-los, treiná-los e envolvê-los assim como Deus usa as palavras com você. Ao fazer isso, seus filhos terão a oportunidade de sentir o caráter e a natureza de Deus por meio de você, o que os ajudará a decidirem se gostariam ou não de mais de você e mais dele.

Esse tipo de criação de filhos o deixará cansado e desesperado porque você perceberá quão pouco controle você tem sobre o coração de seu filho e quão poucas habilidades você tem para alcançá-lo. Essa é uma boa consciência, porque o levará de volta a Jesus. E à medida que Jesus o encontrar em sua necessidade, você estará muito melhor equipado para convidar seus filhos a essa mesma experiência por si próprios.

Este livro é um convite para experimentar o coração de Deus com seus filhos, para experimentar Deus sendo seu pai enquanto você cria seus filhos.

2
O convite está incorporado em suas conversas

Alguma vez você já disse sem pensar algo que foi indelicado, afiado, cortante, desagradável, embaraçoso, ou até cruel, e depois se virou rapidamente quando alguém o confrontou e disse: "Oh, eu não quis dizer isso"?

Jesus discordaria. Ele explicou uma vez que nossas palavras dão uma imagem tão boa do nosso coração, do nosso núcleo interior de adoração, da nossa natureza essencial, que "de toda palavra frívola que proferirem os homens, dela darão conta no Dia do Juízo; porque, pelas tuas palavras, serás justificado e, pelas tuas palavras, serás condenado" (Mt 12.36-37).

Note que não são as coisas cuidadosamente construídas e bem ensaiadas que saem da nossa boca que refletem o que é mais verdadeiro sobre nós. São as descuidadas. As que simplesmente saem de forma impensada são as que melhor refletem nossa verdadeira essência.

Elas revelam algo de nós como indivíduos — o que valorizamos, o que envolvemos em nossa vida, o que mais apreciamos e as coisas das quais menos abriremos mão. As palavras descuidadas e sem censura mostram como entendemos nosso Deus e nosso lugar no universo dele. Elas mostram o que nós adoramos. E essas mesmas palavras que tropeçam levemente em nossa língua mostram como nossa adoração afeta a todos ao nosso redor.

Isso significa que nossas palavras, especialmente as rápidas, fáceis e descuidadas, revelam qual tipo de relacionamento vamos criar, pois mostram o lugar e o valor que os outros têm em nossa vida. Esse lugar e esse valor não afetam apenas o momento presente, mas prometem moldar também o futuro.

Então, reserve um momento e pense: o que seus filhos ouvem de você? Se eles o sentem regularmente como duro, rígido, prepotente, sem alegria, sombrio, nunca satisfeito, deprimido, ou necessitado, então é porque você lhes disse que preza algo bem lá no fundo — só que não se trata deles. É outra coisa, e o papel deles na sua vida é garantir que você tenha essa outra coisa.

Na maioria das vezes, isso significa que você comunicou aos seus filhos que espera alguma forma de vida sem aborrecimentos, com o mínimo de interrupções possível, enquanto eles lhe dão o amor e o respeito que você se sente no direito de receber em virtude do quanto você faz por eles. Se essa é a experiência que eles têm de você, então você provavelmente não deveria estar muito orgulhoso se eles decidirem que não querem ter muito a ver com você à medida que envelhecem e têm mais oportunidades relacionais para escolherem. Por que eles fariam isso? Você não lhes deu nenhum bom motivo para quererem mais de você.

Por outro lado, se eles o experimentarem como alguém que é sincero, franco, carinhoso, gentil, divertido, preocupado, envolvente, confiável, verdadeiro e sábio, eles estão percebendo isso porque você está falando a partir de um conjunto de valores que se preocupa com eles. Você comunicou que está mais interessado no bem-estar deles do que em seu próprio conforto. E, portanto, está disposto a se oferecer e falar de maneiras que lhes deem a oportunidade de amadurecerem a fim de se tornarem tudo aquilo que Deus sempre quis que eles fossem.

Palavras que criam esse segundo tipo de experiência também pressupõem que há mais bondade no futuro em um relacionamento com você. Você deu aos seus filhos um motivo para permanecerem conectados. Não há nenhuma garantia, é verdade, mas o que é mais provável: que eles queiram continuar um relacionamento com alguém que seja rabugento e nunca esteja satisfeito ou com alguém que os engaje para o benefício deles próprios?

Quando o que mais valorizo no âmago do meu ser é o meu relacionamento com Deus e com os outros, então minhas palavras refletirão essa realidade de uma forma que as pessoas possam acreditar. E essa realidade será mais profundamente sentida quando os outros não estiverem no seu melhor.

Qualquer um pode dizer: "Eu gosto de você" quando você é simpático. Mas quando você não é simpático e alguém ainda fala gentilmente, de forma corajosa, para cortejá-lo e trazê-lo de volta, então você vê como ele é profundamente complacente com você. Você vê o coração dele. E você experimenta a bondade do coração dele no tipo de relacionamento que ele cria entre vocês, dando-lhe uma amostra do que você pode esperar no futuro. Quando isso acontece, você quer mais disso; você quer mais dele.

A adoração colocada no lugar errado gera relacionamentos não convidativos

A pergunta óbvia então é: "Por que você gostaria de falar de uma maneira que afastasse as pessoas em vez de convidá-las para mais perto?". E a resposta, segundo Jesus, é: "Você não consegue evitar. Você sempre fala do que adora. Portanto, se você valoriza algo mais do que valoriza a Deus, então você vai engajar as pessoas partindo desse valor e acabará falando de forma ruim".

Por exemplo:

- Se você adora alcançar seus objetivos — se Realização e Sucesso são os seus deuses —, então não é de surpreender que você fale principalmente com seus filhos quando precisar que eles trabalhem com você para conseguir que algo seja realizado e tenha a tendência de ignorá-los se não for nessas situações.
- Se você adora a Eficiência — ter uma vida tranquila —, então não é de surpreender que a maior parte do que você diz a seus filhos seja para corrigir problemas.
- Se você adora ser Respeitável, então a maior parte do que você diz será para ajudá-los a aprenderem a como não envergonhá-lo.
- Se você adora o sentimento de ser Necessário para as outras pessoas, então não é de surpreender o fato de você primeiramente envolver seus filhos quando eles estão em dificuldade, de você realmente ficar mais feliz quando seus filhos estão chateados e têm um problema que te permite se prontificar e consertar, e de você ser mais impulsionado pela crise do que por nutrir.

O convite está incorporado em suas conversas

Odeia sentir-se só? Então você sufocará seus filhos com palavras. Precisa ser perfeito? Você não será capaz de admitir para eles que estava errado. Precisa se proteger de ser ferido? Os pedidos de desculpas deles nunca serão suficientes.

Você falará com eles a partir do que você adora.

Eu olho para essa lista e me vejo repetidamente. Não posso passar um único dia sem dizer algo estúpido ou errado, porque minha adoração é mal-colocada todos os dias. É aí que eu preciso saber, mais uma vez, que há esperança para mim que não depende de quão forte o meu coração é por Deus. Preciso saber o quão forte ele é por mim. Isso significa que preciso voltar e ouvi-lo falar com pessoas que têm dificuldade para manter sua adoração focada nele. Pessoas como eu.

Ouça-o falar com pessoas fracas, feridas, ameaçadas ou em perigo — pessoas como você e eu — e você verá que ele não as fere ou se aproveita delas, nem mesmo quando elas ameaçam romper o relacionamento, valorizando alguma coisa mais do que elas o valorizam. Em vez disso, ele emprega palavras para construir relacionamentos ainda mais fortes com essas pessoas. Vamos ouvir as conversas dele com alguns de seus amigos no próximo capítulo.

3
Como Jesus conversa com amigos distantes

No capítulo de abertura do livro de Apocalipse, um dos discípulos de Jesus, João, parece estar orando. Ele diz que estava "em Espírito, no dia do Senhor", quando Jesus lhe apareceu de repente (Ap 1.10).

E João estava aterrorizado. Ele ficou cara a cara com o Cristo ressurreto, e Jesus não estava mais encobrindo sua glória. Ele não estava mais disfarçado de um mero mortal. Em vez disso, uma luz ofuscante vinha de dentro dele; poder jorrava dele. João ficou tão maravilhado que desmaiou (Ap 1.17).

Agora, João ainda não sabe, mas ele está prestes a ouvir como este velho mundo quebrado vai acabar e como o novo mundo restaurado vai começar. Ele está prestes a ouvir como o Inimigo de Deus e o povo de Deus lutarão contra Deus e como Deus vencerá. O relato será escrito em cenas épicas — sinais nos céus, hostes angélicas em guerra contra espíritos demoníacos, pragas e fome convulsionando o mundo, sangue escorrendo livremente, morte e destruição por toda parte —, até que toda a criação seja novamente limpa.

Mas antes que isso aconteça, antes que haja qualquer vislumbre do céu ou do futuro, esse Deus terrível e que inspira admiração abre sua boca para falar. E ele fala com seu povo, com sua noiva. Ele escolhe sete igrejas que existiam na época e fala com elas. Ouça como ele começa a falar com a primeira:

> "Ao anjo da igreja em Éfeso escreve: Estas coisas diz aquele que conserva na mão direita as sete estrelas e que anda no meio dos sete candeeiros de ouro:
> Conheço as tuas obras [...]" (Ap 2.1-2)

Se você não souber o que vem a seguir, essa frase pode não soar tão positiva. O Cristo ressurreto, que é aterrorizante só de olhar, acabou de dizer: "Eu te conheço". O Deus que inspira admiração e é mais forte que a morte acabou de dizer: "Eu te conheço". Você não pode se esconder dele. Você não pode escapar de nada. "Eu te conheço *e* vou falar com você sobre o que eu sei".

Sou capaz de pensar nas formas não positivas com as quais ele poderia terminar aquela frase:

- Com uma acusação: "Eu te conheço... e estou realmente decepcionado com você."
- Com desconfiança: "Eu te conheço... e não vou tirar meus olhos de você nem por um segundo."
- Com rejeição: "Eu te conheço... e não quero nada com você."

Portanto, o que vem a seguir é muito importante, pois o que quer que ele diga a seguir não vai dizer apenas o que ele sabe sobre *você*, mas vai lhe dizer sobre *ele*. A próxima frase lhe dirá o que ele está sentindo no momento presente. Dirá a você o que ele pensa ser importante. Dirá as coisas das quais ele gosta ou não gosta. Dirá que tipo de pessoa ele é. Você não pode ver esse Deus, mas quando ele abrir a boca em seguida, você saberá algo sobre ele, porque ele está prestes a lhe dizer o que pensa sobre você.

> Conheço as tuas obras, tanto o teu labor como a tua perseverança [Ufa! Certo, isso é melhor do que eu esperava], e que não podes suportar homens maus, e que puseste à prova os que a si mesmos se declaram apóstolos e não são, e os achaste mentirosos; e tens perseverança, e suportaste provas por causa do meu nome, e não te deixaste esmorecer. (Ap 2.2-3)

Ele apenas disse: "Eu te conheço e estou satisfeito com você. Eu te conheço e queria que você soubesse que te conheço e que estou orgulhoso de você". Deus está iniciando uma conversa, e isso é positivo. Ele vê coisas boas e o elogia por elas. É aí que você aprende que ele não é um Deus rabugento, mal-humorado, infeliz e que nunca está satisfeito. Ele é capaz de estar realmente feliz com você. E ele não só está feliz com você, mas quando está, ele lhe diz que está. Ele o encoraja.

Mas ele também tem outras coisas a dizer:

> Tenho, porém, contra ti que abandonaste o teu primeiro amor. Lembra-te, pois, de onde caíste, arrepende-te e volta à prática das primeiras obras; e, se não, venho a ti e moverei do seu lugar o teu candeeiro, caso não te arrependas.

> Tens, contudo, a teu favor que odeias as obras dos nicolaítas, as quais eu também odeio. (Ap 2.4-6)

Observe que Deus enxerga os pontos negativos tão claramente quanto ele enxerga os positivos. E ele fala sobre os negativos tão acentuadamente quanto fala dos positivos. Deus realmente não está feliz, no entanto, ele não está se descontrolando. Ele não está enfurecido ou sendo amedrontador. Ele é claro, mas não esmagador.

Deus fala o que fala de uma forma que não afasta você. Ao invés disso, há um convite: "Você não está em bons termos comigo, mas poderia estar. Por favor, mude para que estejamos de novo em sintonia".

Enquanto continua lendo, você percebe que ele está trabalhando arduamente para destacar o convite: "Quem tem ouvidos, ouça o que o Espírito diz às igrejas: Ao vencedor, dar-lhe-ei que se alimente da árvore da vida que se encontra no paraíso de Deus" (Ap 2.7).

Deus quer que aquelas pessoas estejam em bons termos com ele para que possam estar com ele, e assim oferece incentivos para impulsioná-las.

Quando continuamos a ler o que Jesus diz às outras seis igrejas, aprendemos ainda mais sobre os tipos de coisas que ele diz ao seu povo, porque a cada igreja ele diz: "Eu te conheço":

- Conheço as tuas obras, tanto as boas (Ap 2.2, 19; 3.8) quanto as más (Ap 3.1, 15).
- Sei como a vida é difícil para você (Ap 2.9, 13).
- Conheço a sua paixão por mim e sua falta de paixão por mim (Ap 2.13; 3.8, 15).

Vez após vez: Conheço você, conheço você, conheço você... e converso com você. Eu converso com você sobre o que eu sei e converso com você a fim de instá-lo:

- Eu converso com você para encorajá-lo (Ap 2.10, 24-25; 3.4, 10).
- Eu converso com você para ajudá-lo a enxergar onde você não tem agido corretamente (Ap 2.4, 14-15, 20; 3.17-18).
- Eu converso com você para adverti-lo sobre o que acontecerá se você não mudar (Ap 2.5, 16; 3.16).
- Eu converso com você para lembrá-lo de que vale a pena me conhecer (Ap 2.7, 11, 17, 26-28; 3:5, 12, 21).

Há dois mil anos, Deus está falando ao seu povo coisas muito específicas que dizem respeito a eles e às suas necessidades do momento, mas ele está fazendo muito mais. Ele está lhe dizendo: "Esse é o som da minha voz. Esses são os tipos de coisas que eu digo e os tipos de coisas que eu não digo. Isso é o que você pode esperar ouvir de mim". Teria sido tão fácil para ele dizer: "Eu conheço você e eu... vou ignorá-lo, dar-lhe o tratamento de silêncio, menosprezá-lo, dar-lhe sermões, repreendê-lo, persuadi-lo, fazê-lo implorar ou suborná-lo". Ele poderia ter dito tudo isso, mas não o fez.

Pense em quem está falando. Ele é o Leão de Judá que foi morto como um Cordeiro a fim de resgatar as igrejas com as quais tem falado (Ap 5.5-10), e depois de tudo o que ele fez, elas ainda não o buscam de todo o coração ou ainda o substituem por outras coisas. Por que se preocupar em falar com essas pessoas?

Porque ele as ama: "Eu repreendo e disciplino a quantos amo" (Ap 3.19). A esperança dele é que, ao falar com aquelas pessoas, elas se voltem e reacendam sua amizade com ele. Jesus ilustra a si mesmo batendo em uma porta, querendo que aquelas pessoas respondam, e se elas o fizerem, ele se oferece para entrar e comer com elas (Ap 3.20). Para compartilhar uma refeição. Para compartilhar a vida. Para restaurar o relacionamento. Para aprofundar a amizade. E não se esqueça: Jesus as busca para ter um relacionamento com elas após elas se relacionarem com ele, mas terem perdido o interesse nele.

Esse é um Deus que eu posso amar: aquele que vê minhas necessidades e continua usando suas palavras para satisfazê-las. Eu não poderia amar qualquer outro Deus. Não seria seguro abrir meu coração a um deus duro. Nem a um deus indiferente. Um deus necessitado que apenas suportasse as palavras que eu vomitasse não seria digno de respeito. Eu poderia servir e obedecer a qualquer um desses deuses, mas não poderia amá-los. E eu só conheço esse lado do mérito e do valor de Cristo, porque ele se esforça para falar comigo sobre o que está me afastando dele.

Quando meu coração se alinha com o dele — quando me preocupo com minha amizade com ele e com os outros mais do que com o que posso obter dos outros —, então minhas palavras soarão mais como as dele. As suas também soarão. Você aprende a confiar no coração de Deus por você baseado nas palavras que ele lhe diz nas situações em que você não está no seu melhor, e seus filhos aprendem a confiar em seu coração por eles baseados nas palavras que você lhes diz quando eles não estão no melhor momento deles.

4
História ampliada: Lugar sagrado

O pressuposto funcional de Deus, após o pecado arruinar este mundo, é que toda conversa com os seres humanos ocorre quando eles não estão em seus melhores momentos. Por melhores e mais agradáveis que você e seus filhos possam ser, ainda assim ninguém é tão bom quanto os filhos de Deus um dia serão. Você não pode esperar, então, ter conversas dentro de uma família perfeita. Você pode, porém, esperar que seus filhos criem oportunidades que sejam perfeitas para comunicar a graça que você recebeu, pois Deus o abraçou de forma perfeita com as imperfeições que você tem.

No entanto, essas oportunidades não vêm com deixas para você saber com antecedência. Na maioria das vezes, elas estão disfarçadas de interrupções comuns, diárias, do que você planejou fazer ou do que você queria obter da vida. Acostume-se a procurar por elas. Aproveite-as. Elas são boas demais para serem perdidas e frágeis demais para serem manuseados de forma grosseira. Eis aqui como era uma oportunidade em minha família.[1]

---

[1] Um grande agradecimento vai para os meus filhos por me terem dado permissão para que eu contasse as histórias deles neste livro e pela ajuda deles lembrando dos detalhes.

Tínhamos terminado o jantar mais cedo, limpado e arrumado tudo, resolvido todos os problemas pendentes da lição de casa e estávamos nos acomodando para passar a noite. Eu havia me retirado para o escritório com um novo livro, esperando que valesse a pena lê-lo. Era apenas uma noite normal, ordinária, sem nenhuma pista de algo especial no horizonte.

No entanto, uma das crianças me encontrou na minha mesa e perguntou: "Você tem um minuto?".

"Claro", disse eu soltando o meu livro, esperando que ela fosse rápida. "O que é?"

"Há cerca de dois ou três anos, vi uma nota de dez dólares na sua mesa e pensei que seria uma ótima maneira de ficar rica, então eu a peguei. E você sabia que eu tinha pego porque a viu na minha mesa de cabeceira depois. Mas eu lhe disse que não sabia como ela tinha chegado lá e que um dos gatos devia tê-la trazido da sala de jantar. Você se lembra disso?"

"Sim", eu disse, agora totalmente engajado, "eu me lembro". Tinham sido uns dois meses terríveis. Tínhamos quase certeza de que sabíamos o que havia acontecido, mas essa preciosa criança havia teimosamente se recusado a admitir o feito. Ela havia até tentado me devolver os dez dólares, mas manteve sua história sobre um animal de estimação ladrão. Eu não tinha aceitado o dinheiro porque a questão nunca fora sobre o dinheiro; era sobre o coração daquela criança que estava sendo retido do resto de nós.

"Bem", a criança continuou, abrindo sua carteira, "foi errado, e eu estava me perguntando o que deveria fazer. Você quer o dinheiro de volta?"

Este é um lugar sagrado — a presença de Deus, a qual você não procurou, não anunciada, invadindo o meu escritório. Que momento incrível do qual fazer parte. Um verdadeiro filho pródigo, mais interessado nos bens de seus pais do que em um relacionamento com ele, estava agora interessado em voltar para casa. E ainda assim, como é a natureza da prodigalidade, ele esperava acertar as contas unilateralmente, segundo suas próprias condições.

Pensei que talvez uma pergunta sutil pudesse ajudar: "Uau. Obrigado por dizer isso. Hum... você está sugerindo que pode me pagar pelo que fez?"

"Sim", veio a resposta rápida e confiante.

Certo, talvez eu tenha sido muito sutil. Eu sorri e disse: "Então, você acha que pode me pagar de volta pelo quanto eu estava preocupado que você estivesse endurecendo o seu coração, que você estivesse se afastando de nós? Você acha que pode me pagar de volta pelas suspeitas que tivemos nos meses seguintes quando outro dinheiro desapareceu? Você acha que pode, de alguma forma, compensar minha preocupação de que você estava praticando a ganância e o engano como um modo de vida?"

Mais sóbria agora, a criança olhou para baixo e disse: "Não, não posso".

"Então, o que você precisa fazer?"

"Pedir a Jesus que me perdoe?"

"Sim!", eu disse. "E ele perdoará. Ele promete que, quando você confessar seus pecados, ele lhe perdoará. E eu também perdoarei. Estou muito orgulhoso de você por ter vindo até mim para contar sobre o que aconteceu. Isso me ajuda a confiar em você. Quando você me conta coisas que eu não podia saber sobre você, então eu sei que posso confiar em nosso relacionamento, porque o relacionamento significa mais para você do que esconder as coisas embaraçosas que você fez. Obrigado."

Eu pausei e disse: "Mas estou curioso. Por que trazer isso à tona agora?"

"Eu não sei. Foi algo que me veio à cabeça e eu sabia que precisava dizer algo a você."

Eu disse: "Esse é o Espírito de Deus trabalhando em sua vida, levantando coisas com as quais você precisa lidar. Houve momentos em minha vida, estações, em que Deus me lembrou de coisas que eu fiz de errado e que eu precisava acertar com outras pessoas. Por que você não vai passar algum tempo com ele e ver se há algo mais que ele queira lhe mostrar?".

A pequena pessoa foi embora para orar e eu me maravilhei com a bondade de um Deus que durante anos não perde o rastro das coisas que prejudicaram os relacionamentos, não para condenar, mas para trazer restauração. Ele espera pacientemente pelo tempo que melhor se encaixa em seu plano de tornar tanto você quanto seu filho mais parecidos com Jesus.

Tire o máximo que puder desses momentos. Não desperdice todo o cuidado atencioso e toda a energia que Deus está derramando ali. Em vez disso, faça uma breve pausa antes de voltar ao seu livro ou a qualquer outra coisa que você estava fazendo e pense em como você pode trabalhar com o que ele está fazendo. Para mim, isso significava que eu queria não apenas afirmar minha criança por sua coragem, mas também tentar dar a ela uma sensação do coração de Deus, então quando ela voltou da oração eu perguntei: "Você se lembra da história do filho pródigo?".

"Sim."

"Como termina?"

"Quando o filho chega em casa, o pai dá uma grande festa para ele."

"É isso mesmo", disse eu, "porque ele está muito contente por ter seu filho de volta". Minha criança sorriu. "Essa é uma imagem de como Deus se alegra quando alguém se afasta do pecado. E nesse momento é assim que Deus se sente em relação a você. E eu também. Esse é um bom momento".

E foi ainda melhor. Depois a criança me disse que precisava pedir perdão à mamãe por outras coisas e saiu como se fosse uma coisa perfeitamente normal a fazer. E é.

É assim quando Deus invade nossos pequenos mundos, totalmente organizados e mundanos, para nos oferecer a chance de termos conversas com nossos filhos assim como ele tem conosco. É muito mais maravilhoso do que qualquer livro ou outra distração poderia ser. Vale qualquer interrupção. E é tão delicado.

Você precisa estar pronto para esses momentos. Pronto para largar todo o resto para valorizá-los. Você precisa levar a sério a etiqueta de advertência — "Manuseie com cuidado" — que vem com ele, porque as pessoas são ainda mais vulneráveis do que de costume. Você precisa trabalhar arduamente, desafiando-as gentilmente, atraindo-as, afirmando-as, interpretando o que está acontecendo, guiando seus próximos passos e celebrando com elas. Seria cansativo se não fosse tão emocionante. E só é possível porque Deus continua trabalhando por meio de pessoas imperfeitas em configurações imperfeitas a fim de aperfeiçoar a ambas.

5
Você conversa sem garantia nenhuma

Agora você pode estar pensando: "Certo, isso parece bom quando tudo funciona bem. Mas e quando não funciona? O que acontece então? Devo continuar convidando, continuar falando, sem saber se estou realmente conseguindo comunicar-me com meus filhos? Isso não é justo. Isso não é exatamente o que Deus faz — ficar se perguntando se as palavras dele estão fazendo a diferença ou se ele está apenas desperdiçando saliva. É? Ele já conhece o futuro, escolhe seus filhos e muda o coração deles, então ele nunca corre o risco de ver suas palavras serem desperdiçadas, certo?".

Na verdade, a situação de Deus é pior do que a sua, precisamente porque ele conhece o futuro. Ele tem que decidir se deve ou não dizer coisas, mesmo quando já sabe que será descartado como irrelevante. Se essa fosse minha realidade, então eu não me daria ao trabalho de conversar com qualquer pessoa que eu soubesse que me rejeitaria. O fato de ele se envolver com essas pessoas e iniciar conversas com elas é pura bondade da parte dele; é a bondade que está de acordo com o caráter dele.

Deus faz cair sua chuva sobre os justos e os injustos (Mt 5.45). Ele estende a mão por longos períodos de tempo para as pessoas que o desprezam (Is 65.1-5) e se revela às suas criaturas mesmo que elas não aceitem seu convite para que elas o conheçam (Sl 19.1-4; Rm 1.20). Deus baseia sua decisão de se comunicar em algo que não seja a certeza de que ele será recebido.

Pense em sua interação com o filho de Adão, Caim. Deus primeiro vem a ele e o adverte de que o pecado está prestes a dominá-lo (Gn 4.6-7). Isso não é nada além de pura graça da parte de Deus. Caim o ignora, matando seu irmão. Em resposta, Deus novamente vem a ele (graça novamente) e inicia outra conversa (mais graça) fazendo uma pergunta (graça sobre graça!) (Gn 4.9). Deus não reteve suas palavras, embora em sua onisciência ele soubesse que seria ignorado. Por que dizer alguma coisa, então? Porque Caim precisava ouvir essas palavras naquele momento de sua vida, mesmo que as rejeitasse.

Ou considere Jonas. Entre outras coisas, o livro de Jonas é uma história de Deus que busca implacavelmente um homem que continua se afastando dele. Você realmente vê a busca de Deus no último capítulo, onde ele repetidamente convida Jonas a estender aos outros o mesmo tipo de graça que ele próprio recebeu (Jn 4.4, 9-11). A história termina de forma ambígua, no entanto, enquanto a pergunta final de Deus paira no ar sem resposta. Não ter ideia do que Jonas fez em seguida convida você a se incluir na história, considerando como você responderia à pergunta de Deus. Também o ajuda a perceber que os convites para conversas, mesmo quando vêm do seu Criador, nem sempre são aceitos.

A história da interação de Jesus com Nicodemos (Jo 3.1-21) termina com uma ambiguidade semelhante. Nicodemos nasce de novo? Há pistas no resto do livro que certamente indicam que sim (Jo 7.45-52; 19.38-42). Por outro lado, João nunca usa sua palavra de código especial para fé salvadora em conjunto com Nicodemos; ele nunca diz Nicodemos "creu". O caso é deixado em aberto, de propósito. Isso o obriga a se perguntar: "Eu nasci de novo? Eu creio?", mas também indica que Jesus estava disposto a falar com Nicodemos de uma maneira que fizesse sentido para aquele homem, deixando em aberto a possibilidade de que Nicodemos poderia rejeitar o que ele disse.

É por isso que a história do filho pródigo termina como termina. Claramente, o pai está oferecendo ao irmão mais velho a mesma graça que é oferecida ao mais novo, mas a oferta é diferente. O pai não espera que aquele filho venha até ele; ao contrário, ele deixa a festa que ofereceu ao filho mais novo a fim de buscar o mais velho, que se desgarrava. E quando o encontra, ele fala com o filho — não com uma repreensão ou bronca, mas com um convite gracioso e cativante: um convite para restaurar o relacionamento com seu irmão mais novo e com ele mesmo (Lc 15.31-32).

Então, abruptamente, a história termina. Ponto final. Você fica se perguntando: "Espere, o que aconteceu? Será que o filho mais velho se arrependeu, se alegrou e entrou com o pai? Ou ele permaneceu do lado de fora, amuado e afastado?" Você não sabe. Não lhe foi dito. E Jesus não satisfaz sua curiosidade, porque a história em si é um convite — a oferta de uma conversa — aos irmãos fariseus de coração duro, semelhantes ao irmão mais velho, de um Deus gracioso que de bom grado lhes daria tudo o que ele tem, mesmo sabendo que eles poderiam muito bem rejeitar suas palavras.

Quando você está pensando em amar uma pessoa, percebe que não há garantias. Não há um retorno certo pelo seu investimento. Deus não age como se houvesse. Ele estende a mão paciente e repetidamente a seus filhos sem lhes dizer como eles respondem, precisamente porque o amor real não tem resultado garantido. Mas ele tenta de qualquer maneira.

Por que ele o faz?

Primeiro, estender a mão é aquilo de que as pessoas precisam. Do que seus filhos precisam quando estão em apuros, sobrecarregados, tomando decisões tolas, necessitados de orientação, sentindo-se sozinhos, afastando-se, presos em sua teimosia? Eles precisam de alguém que se preocupe o suficiente com eles para achegar-se ao mundo deles, apesar do risco de rejeição, e falar de tal forma a oferecer-lhes aquilo de que precisam.

Em segundo lugar, o amor inicia conversas sem saber onde elas vão parar porque essa é uma forma de expressar verbalmente a realidade de que é melhor dar do que receber (At 20.35). Se a única vez que falo com meus filhos é quando eu tenho certeza de que posso moldar um resultado que desejo, então não estou realmente focado neles e em seus melhores interesses. Em vez disso, estou concentrado em minha agenda e não estou mais considerando meu filho como alguém cujos pensamentos, opiniões, desejos e interesses são tão importantes quanto os meus.

Em terceiro lugar, o amor inicia conversas porque o potencial de um relacionamento restaurado vale muito mais do que sua ausência garantida. Quando seus filhos são difíceis, é muito mais fácil dar brocas, ordenar, ditar, dizer o mínimo possível, envergonhar ou mesmo não dizer nada em vez de convidá-los para uma conversa. Em outras palavras, quando eles não são amorosos, é fácil não amá-los em troca.

Mas considere: quando você se recusa a fazer um convite, você não está dando a seus filhos nenhum motivo para que eles tentem reconstruir o relacionamento deles com você. Talvez eles o façam de qualquer maneira, mas na melhor das hipóteses será apesar de você. Na pior das hipóteses, você lhes terá dado um desestímulo, uma razão para acreditar: "Bem, obviamente meus pais não se importam o suficiente para se sentarem e conversarem comigo, então não devo ser muito importante para eles".

Da próxima vez que você se sentir tentado a não se envolver com seu filho, tente perguntar-se o seguinte: "Em seis meses, do que me arrependerei mais: de ter tentado e ter sido rejeitado, ou de não ter tentado e ter sido parte da rejeição?".

Por fim, você ama seus filhos entrando em conversas incertas com eles porque Deus compartilha mais profundamente a si mesmo com aqueles que experimentam rejeição, assim como ele experimentou (1Pe 4.14).

Certa vez, minha família partiu para nossas férias anuais, e eu realmente tinha exagerado nos preparativos para a viagem. Pensei na viagem com antecedência — nos livros que achei que cada pessoa iria gostar, nos jogos para jogarmos, na comida, nos filmes — porque eu queria que fosse uma verdadeira pausa para todos.

Mas foi um desastre. Havia constantes reclamações, brigas, disputas e discussões. Nada estava bom o suficiente. Alguém ficava regularmente chateado e, de alguma forma, eu parecia acabar no meio disso, levando o peso da infelicidade da pessoa. Fiz o melhor que pude para falar com as pessoas a fim de ajudá-las a se amarem, e nada do que eu fiz funcionou.

Depois de vários dias nessa situação, recorri a uma passagem do Antigo Testamento que retrata o relacionamento de Deus com seu povo. Trata-se de um pastor que tomou conta de um rebanho de ovelhas que havia sido maltratado. Ele estava realmente entusiasmado e trabalhou arduamente para cuidar delas, mas o resultado final de todos os seus esforços foi que "eu me cansei deles e o rebanho me detestava" (Zc 11.8, NVI).

Eu me sentei e pensei: "Uau, essa é a experiência de Deus com seu povo — eles o detestavam. E ao tentar pastorear minha família, é isso que estou experimentando. Estou passando por algo semelhante e experimentando um pouco da sensação do coração dele durante essa semana".

Aquele foi um bom momento — um momento reconfortante de identificação com o meu Deus. Mas quando me sentei ali, percebi: "Oh, espere. Eu também faço parte do rebanho que o odiava... e ainda assim, ele não me odeia. Ele ainda me ama apesar de eu o ter odiado e de ter odiado suas tentativas de me criar".

Aquela tornou-se uma oportunidade de ver mais de Deus e seu coração, e melhor ainda, de experimentar sua bondade para comigo em um nível mais profundo. E foi essa experiência que rejuvenesceu meu desejo de voltar para minha família e de tentar alcançá-los novamente. Deus usou o que parecia uma perda de relacionamento com eles para produzir maiores conexões, primeiro com ele e depois, com a minha família.

Deus derrama sua bondade ao falar as palavras que as pessoas precisam ouvir, mesmo quando ele sabe que elas o rejeitarão. Ele agora convida você a juntar-se a ele, entregando-se a conversas com outros — especialmente seus filhos — com essa mesma profunda e extravagante renúncia que está mais interessada no amor do que em garantias.

6
Você conversa a partir da graça que já ouviu

Deixe-me dar-lhe uma imagem negativa que mostra o que você não está tentando fazer quando fala com alguém. Deus incorpora essa imagem no livro de Provérbios em uma longa e variada lista de como é uma pessoa tola (Pv 26.1-12). Vários dos versículos caracterizam a inutilidade e o perigo de se comunicar com um tolo (vs. 4-7), mas o versículo 9 é especialmente vívido:

> Como ramo de espinhos nas mãos do bêbado,
> assim é o provérbio na boca do insensato. (NVI)

Você consegue ver o tolo? Essa pessoa cambaleante, flamejando loucamente com um galho coberto de espinhos? A única resposta razoável quando você o vê chegando é avisar aos outros: "Cuidado! Afastem-se dele!".

Assim é conversar com os tolos. Eles vão machucar você. Não há intencionalidade, mas sim um simples e incontrolável disparate, é tão prejudicial que mesmo que tentem falar a sabedoria de Deus, isso tem o mesmo efeito de ser violentamente atacado por espinhos.

Deus nunca vem até você sacudindo um espinho de palavras. Se ele o fizesse, você se afastaria — e deveria fazê-lo. Ao invés disso, ele soa diferente. E para nós, seres humanos, isso é surpreendente. Enquanto Jesus, o verbo de Deus feito carne, falava, as pessoas se "maravilhavam das palavras de graça que lhe saíam dos lábios" (Lc 4.22).

A coisa predominante que as pessoas ouviram de Jesus não foi irritação, condescendência, frustração, manipulação, hostilidade, intimidação, ameaças, reclamações, lamúrias ou amarguras. Elas ouviram palavras graciosas. Suas palavras anunciavam que Deus tinha vindo para resgatá-las, não para esmagá-las (Lc 4.16-21). Nem todos receberam essas palavras (4.22-30), mas ficou claro, no entanto, que o que Jesus falou foi gracioso. Isso é o que deveria surpreender as pessoas sobre a maneira como você fala.

Leia as Escrituras procurando palavras graciosas de Deus e você começará a enxergá-las em todo lugar. Por exemplo, você ouvirá um Deus que lhe diz o seguinte:

- Ele promete livrá-lo do mal (Gn 3.15);
- Ele iniciou o resgate da sua vida (Dt 5.6);
- Você é precioso aos olhos dele (Is 43.4);
- Ele tem grandes planos para você (Jr 29.11);
- Ele quer que você seja amigo dele (Jo 15.15);
- Ele encoraja você (Rm 15.5);
- Ele nunca desistirá de você (Fl 1.6);
- Ele não deixará passar a forma como você o amou cuidando do povo dele (Hb 6.10);
- Ele enxugará toda lágrima dos seus olhos (Ap 7.17).

Procure e você encontrará palavras que o convencerão de que ele é realmente um Deus de toda graça (1Pe 5.10).

Por que isso é importante para você e para a forma como você se comunica com os outros? Porque as palavras que você usa sempre refletem o que você mesmo conheceu. É quando você vive em um relacionamento gracioso com Deus que você tem noção de como é a graça e, por isso, você tem noção do que dizer aos outros.

Por outro lado, se você não tiver uma experiência regular de Deus falando graciosamente a você, então você não será capaz de transmitir graça às pessoas ao seu redor. Isso não significa que você não falará a elas, mas significa que terá como padrão falar de maneira diferente a partir de uma experiência diferente — uma experiência não graciosa.

As pessoas com quem você cresceu tinham uma frase que elas usavam e que você odiava e jurava para si mesmo: "Quando tiver filhos, eu nunca lhes direi isso"? Talvez algo como: "Eu vou arrancar seu couro" ou "Vou pegar a cabeça de vocês e bater uma contra a outra". Algum tipo de ameaça feia que se resumia a um poder mal-utilizado e a um abuso de autoridade que criou uma imagem indelével em sua mente. Algo que você absolutamente odiava.

Agora, avance para uma daquelas semanas em que as crianças estão umas em cima das outras há dias e não deixam umas às outras em paz. Você está tentando fazer algo, mas as brigas invadem sua concentração, impedindo-o de fazer o que você queria fazer. Você se afasta novamente do e-mail, para de tentar entender o último extrato do cartão de crédito, abaixa o martelo pela nona vez em duas horas, e essa frase que você odeia está bem na ponta da língua. Parece que isso é tudo o que você consegue fazer para sufocá-la de volta e não deixar que ela saia.

Por quê? Porque você fala a partir da sua experiência. Você tem sido ensinado ao longo dos anos: "Isso é o que é apropriado dizer em momentos assim. Diga algo que irá: ameaçar, lamentar, discutir, debater, insultar, reclamar ou chicotear. Diga, porque isso lhe dará o que você quer. Diga, porque nessas circunstâncias isso soará normal". O problema é que essa frase não soa nem um pouco como sendo de Deus.

Suas palavras são poderosas porque são ditas pela imagem de Deus

Nos capítulos iniciais de Gênesis, Deus faz imagens de si mesmo — representantes de si mesmo na terra —, pessoas que irão expressar visivelmente como ele mesmo é. Essas imagens devem engajar toda a criação da mesma forma como ele faz, fornecendo uma imagem do Deus invisível para o resto do universo que observa (Rm 1.18). Essas imagens devem agir da forma como Deus age e pensar como Deus pensa, com as mesmas atitudes e anseios que Deus tem. Tudo nelas é para declarar: "Eis como Deus é!", inclusive quando falam umas às outras.

Isso significa que quando fala ou age, você o faz muito mais do que Roberto, ou Maria, ou Cátia, ou José — um indivíduo minúsculo, muitas vezes negligenciado, perdido entre bilhões de outros. Ao contrário, você fala e age como representante de Deus. Cada vez que envolve outros, você está ligado a um megafone que amplifica o que você faz através do cosmos, dando às pessoas uma experiência de como o próprio Deus responderia se ele estivesse aqui.

É por isso que o que você faz é tão poderoso. Você já elogiou alguém ou encorajou essa pessoa e ela ficou toda boba porque você tocou algo nela bem lá no fundo? Você já exortou alguém e o viu se esforçar mais? Alguma vez você já estendeu gentileza a alguém e o viu derreter? Em parte, essas pessoas reagiram dessa maneira porque o que você fez falou mais alto do que você jamais tencionou. O que você fez comunicou algo positivo de Deus e de sua perspectiva às outras imagens dele.

Suas ações e interações vêm com poder por causa de quem Deus o fez ser, mas, infelizmente, elas também podem vir com danos poderosos, porque Adão e Eva escolheram rejeitar seu *status* único como representantes de Deus. Eles deixaram de ouvi-lo quando elevaram as palavras da serpente acima das palavras de Deus. Os caminhos e valores de Deus não eram mais o maior tesouro deles. Agora eles tinham um novo tesouro que trouxera novos valores, novos compromissos, novos objetivos de vida, de tal modo que tudo neles se realinhou com esse novo tesouro, incluindo a maneira como interagiam entre si.

Jesus diz assim em Lucas 6.45: "O homem bom do bom tesouro do coração tira o bem, e o mau do mau tesouro tira o mal; porque a boca fala do que está cheio o coração". Cada vez que você abre sua boca para falar ou move suas mãos para agir, você está se valendo do que guardou dentro de si e está expressando o que está dentro de si.

Adão e Eva não agiram mais em nome de Deus porque haviam absorvido a voz de Satanás em seus próprios seres. Você ouve a diferença imediatamente, pois eles usaram palavras para transferir a culpa de si mesmos para todos os outros ao seu redor. Eles não perderam totalmente o poder que Deus criou suas imagens para terem, mas o distorceram. Em vez de usar seu poder para construir e fortalecer uns aos outros, eles tentaram esmagar e usar uns aos outros.

Você já esteve em uma situação na qual alguém o insultou, criticou ou tirou algo que era importante para você e essa experiência foi profunda em seu coração — tão profunda que você simplesmente não conseguiu superá--la? Isso não se deu simplesmente porque você é "sensível". Aquelas palavras e ações doem porque vieram de alguém que foi projetado para representar o próprio coração e a própria mente de Deus para você. Essas ações não eram de Deus, mas parecem ter vindo dele porque a imagem dele é quem está falando.

E assim essas palavras e ações declaram: "Eis o que seu Autor e Criador pensa de você. Ele acha que você não presta. Ele acha que você nunca foi e nunca será nada. Ele acha que você é um fracassado. Ele o despreza e acha que você não vale a pena o trabalho". Essa pessoa tomou o poder de Deus, mas o usou para declarar a voz da serpente porque havia armazenado os valores dela.

Em outras palavras, não há conversas comuns e cotidianas. Cada vez que você se envolve com outras pessoas, está adicionando sua voz a uma luta cósmica contínua que começou muito antes dos humanos entrarem no conflito — você está escolhendo adicionar uma perspectiva, um ponto de vista, um sabor ou do que é viver com o Grande Criador ou do que é estar perto do Enganador.

Você fala a partir do que sabe e, ao fazê-lo, você contribui para o que as outras pessoas sabem. Sua experiência

Você conversa a partir da graça que já ouviu

moldou o conteúdo do que você diz e de como você se comporta, o que, por sua vez, agora dá a outras pessoas uma experiência que molda o conteúdo do que elas dizem e de como elas irão viver. Suas palavras são mais importantes do que você pode começar a imaginar.

7
História ampliada: "Entre na van"

Depois da igreja, num domingo, minha família estava se preparando para visitar a vovó e o vovô para o jantar de Páscoa. Quando precisamos coordenar nossos horários, tento dar bastante tempo de antecedência para que todos possam se planejar. Então, quando estávamos nos preparando para partir, eu disse às crianças: "Certifiquem-se de terem juntado todas as coisas de vocês, porque nós vamos sair em cerca de dez minutos".

Dez minutos depois, quando eu estava prestes a sair pela porta, gritei: "Muito bem, pessoal, entrem na van!". Imediatamente, todos eles saltaram do que estavam fazendo e correram em todas as direções possíveis, exceto em direção à van. Um correu para o banheiro. Outro foi buscar livros e brinquedos para a viagem. Alguém mais precisou de seus sapatos. E eu fiquei de pé no meio da sala de estar, sozinho, sem ninguém entrar na van.

Agora, quais são as minhas opções nesse momento? Opção 1: ir com tudo para cima das crianças. Eu poderia ficar ali e gritar: "Eu disse: 'Entre na van' e estou dizendo *agora!*". Ou eu poderia seguir as crianças, atormentando-as e implicando com elas: "O que você acha que está fazendo? Eu sei que você me ouviu. O que há de errado com você? Por que você nunca ouve?". Ou eu poderia desabafar um pouco mais forte: "O problema de vocês é que vocês nunca escutam porque não se importam com mais ninguém além de vocês mesmos". A lista continua com todas as táticas pesadas que tentei no passado e que eu poderia ter usado novamente.

O que poderia acontecer se eu fosse por esse caminho (novamente)? Bem, antes de mais nada, provavelmente funcionaria. Meus filhos entrariam na van se não fosse por nenhuma outra razão a não ser para escapar de mim. Mas também haveria silêncio. Talvez houvesse medo. Certamente, eles se ressentiriam de serem maltratados. Não haveria nenhum relacionamento. Eles odiariam a maneira como eu lidero a família, e eu lhes ensinaria que a autoridade é prepotente.

No entanto, há algo muito pior: eu comunicaria um falso evangelho. Pelo fato de me relacionar com eles como representante de Deus, eu ensinaria à minha família o seguinte: "Esse é o Jesus que eu conheço. Sempre que eu piso na bola, ele é duro. Ele é abusivo e esmagador. Ele não suporta quando eu faço algo de errado porque isso perturba sua agenda. Então, porque não conseguiu o que queria, ele me chicoteia e não desiste até me forçar a voltar ao meu lugar. Você pode esperar que ele faça o mesmo com você também".

Essa é a opção 1. A opção 2 é tão ruim quanto essa. Eu poderia não fazer nada enquanto assistia a todo mundo se espalhar até que eles lentamente se movessem em direção à van no tempo deles.

História ampliada: "Entre na van"

Dessa vez o diálogo seria mais interno, mas igualmente venenoso enquanto eu me lamento: "Ninguém nunca me escuta. Eu faço todo o trabalho por aqui e provejo para todos os outros, tentando preparar as coisas e torná-las agradáveis, mas eles não se importam. Não sei por que sequer me importo. O pior é que não há nada que eu possa fazer a respeito, a não ser aguentar até que eles cresçam e saiam de casa. Acho que vou sentar-me na van sozinho e esperar que eles não me façam esperar muito tempo".

Essa opção popular resulta em relacionamentos que são tão gravemente quebrados quanto a primeira opção, e também pinta uma imagem igualmente distorcida de Deus. Ela comunica: "Jesus se afasta em autocomiseração sempre que você o machuca. Ele não gosta quando você o ignora, mas ele não tem poder real ou plano algum para ajudá-lo, então se distancia de você. Ele acha que tem que guardar seu próprio coração, pois ele tem de suportar o fato de você estar desesperadamente quebrado. Portanto, vá em frente, faça o que quiser, quando quiser, mas perceba que está por conta própria".

A opção 1 e a opção 2 não soam nada como Deus. Quando Deus fala, é sempre com o propósito de reconciliar você com ele — de trazê-lo de volta a ele quando foi você que introduziu uma lacuna. Deus sempre pretende que suas palavras com seus filhos restaurem o relacionamento com ele. E quando essa foi a sua experiência, você anseia por transmiti-la aos outros.

Foi o que aconteceu na minha sala de estar. Teria sido tão fácil dar um sermão ou retirar-me amargamente para longe deles. Mas pela graça de Deus eu escolhi uma opção diferente — uma que foi mais difícil, porém melhor —, uma que exigiu que eu me levantasse e pedisse à minha família que reconhecesse que quando eu falo, eu o faço para o bem deles e que eles precisam entrar no barco em relação a essa realidade para o bem deles.

Por que eu fiz isso? Não é porque eu sou um cara maravilhoso. Eu tenho muitas falhas gigantescas, como minha família bem o sabe. Eu já explodi com raiva ou me afastei em autocomiseração. Eu não sou um cara maravilhoso, mas tenho um Deus maravilhoso — um Deus que não rejeitou Adão e Eva quando eles o rejeitaram e que também não me rejeitou.

Isso significa que eu não estava completamente sozinho na sala de estar naquela tarde. Eu tenho um Deus que não me trata da maneira como me sinto tentado a tratar minha família. Eu tenho um Deus que não me abandonou ou me afastou dele. Ele estava lá comigo e ainda assim não me tratou mal.

Portanto, independentemente do que minha família fizesse a seguir, eu não perderia nada ao tentar responder a eles com graça. Mesmo se tudo corresse terrivelmente mal com minha família a partir daquele momento, meu Deus ainda me trataria bem.

Então, entrei no caminho de um dos meus pequenos, levantei a palma da mão e disse: "Não. Pare. O que você está fazendo?".

"Indo escovar meu cabelo", a criança disse um pouco nervosa.

"Eu lhe disse anteriormente que íamos partir em breve. Então, por que você não se arrumou mais cedo?"

"Eu estava lendo um livro", a criança disse defensivamente.

"Então... você estava pensando no que queria fazer ou no que eu lhe pedi para fazer?"

Um pouco mais suave dessa vez, ela disse: "No que eu queria fazer".

"Quando eu disse: 'Entre na van', eu estava pensando no que seria bom para toda a nossa família, para nós cinco e para o vovô e a vovó. Eu estava pensando em sete pessoas. Em quantas pessoas você estava pensando?"

"Em uma", veio a admissão muito mais suave.

"Querida", eu disse, "eu te amo... e isso significa que você não pode viver sua vida de forma tão pequena o tempo todo, envolta em si mesma como se você fosse a única pessoa aqui. Entre na van".

O que eu fiz? Usei a voz que Deus me deu para falar de tal forma que eu pudesse convidar uma pequena pessoa a se arrepender e a realinhar-se com Jesus, e a realinhar-se com o resto de nós. O que aconteceu em seguida foi incrível. Aquela criança realmente perguntou se podíamos orar enquanto dirigíamos e conduziu o resto de nós a confessar a Deus e uns aos outros como tínhamos sido tão egocêntricos. A mudança de coração daquele filho causou uma ondulação pelo restante da van.

Depois disso, passamos o resto do passeio engajados na vida um do outro, conversando e jogando jogos de sinalização rodoviária. E esse movimento externo em direção aos outros continuou depois que a viagem terminou e influenciou a maneira como nos envolvemos com os avós deles.

Preciso falar às pessoas ao meu redor de maneiras que representem o coração do Criador. E eu preciso ouvir o coração do Criador a partir dos outros quando eles falam em minha vida.

Preciso que minha esposa Sally entre no meu mundo quando estou esgotado com as coisas em casa e me diga: "Acho que você precisa dar um passeio para se acertar com o Senhor, para que possa viver mais pacientemente conosco".

Preciso que minha filha, quando vir "o olhar" da frustração me roubar o rosto, se aproxime e me advirta: "Calma, papai".

Preciso que meu colega se escore na porta do meu escritório e diga: "Você não precisa que eu lhe diga que seu estilo de vida não é saudável no momento, precisa?".

Preciso que as pessoas falem comigo a partir das profundezas da graça que elas experimentaram de Jesus. Ele as colocou em minha vida como seus representantes para que eu me aproximasse cada vez mais de Cristo e cada vez mais delas.

Você tem essa mesma vocação com as pessoas ao seu redor. O chamado é beber profundamente da graça e da bondade que ele tem para com você e, em seguida, gentilmente e com confiança, falar com sua família e seus amigos a partir dessa mesma graça. Converse com eles para que desejem realinhar a vida com Deus e depois restabelecer o relacionamento com você.

8
Seus filhos precisam que você converse com eles... e muito

Falar com seus filhos é uma atividade de alto risco e de alto retorno. Você tem o privilégio de tornar visível o Deus invisível — não há honra maior! — e ainda assim você pode facilmente pintar uma imagem dele que é mais demoníaca do que divina.

Você pode pensar: "Nesse caso, talvez seja melhor se eu disser o mínimo possível. Sabe, reduzir o risco para que seja melhor para os meus filhos". Esse tipo de lógica tem um certo apelo. Você não pode causar problemas se não estiver envolvido, certo? Não exatamente. Por mais tentadora que essa opção seja, ela cria um problema diferente ao contrariar o plano original de Deus. Ele sempre pretendeu que os humanos crescessem e se desenvolvessem por meio de conversas.

Considere o jardim do Éden antes que ele fosse arruinado. A humanidade era impecável e irrepreensível, mas também ignorante. Adão e Eva não sabiam coisas cruciais sobre si mesmos — que eles foram feitos à imagem de Deus e que deveriam encontrar significado e propósito relacionando-se com ele enquanto enchiam a terra e cuidavam dela como Deus faz. Eles aprendiam essas coisas somente quando acontecia algo que era simultaneamente milagroso e mundano: Deus falava com eles.

Deus conversava com eles, fornecendo-lhes informações que eles não tinham e não podiam obter de qualquer outra forma. A ignorância deles não era nem o resultado do pecado nem o resultado do mal. Era uma imaturidade apropriada à experiência de vida deles e era removida apenas por uma pessoa mais velha, mais sábia e mais experiente entrando no mundo deles com palavras para ajudá-los a amadurecer. Perfeitamente sem pecado, eles ainda eram ignorantes e precisavam ser ensinados.

Se essas conversas eram necessárias antes da cegueira e da voluntariedade do pecado, você consegue enxergar quanto mais necessárias elas não seriam depois?

Deus consegue. É por isso que uma das formas de imaginá-lo é falando com os outros, especialmente com nossos filhos, como ele fala conosco.

Depois de dar os Dez Mandamentos aos israelitas — novamente Deus falando com seu povo, transmitindo sabedoria e conhecimento que eles não poderiam ter se Deus não se comunicasse com eles —, ele lhes disse:

> Ensinai-as a vossos filhos, falando delas assentados em vossa casa, e andando pelo caminho, e deitando-vos, e levantando-vos. Escrevei-as nos umbrais de vossa casa e nas vossas portas, para que se multipliquem os vossos dias e os dias de vossos filhos na terra que o Senhor, sob juramento, prometeu dar a vossos pais, e sejam tão numerosos como os dias do céu acima da terra. (Dt 11.19-21)

Ensine e converse em todos os lugares. Comunique verbalmente não simplesmente o que Deus diz, mas como as palavras dele se cruzam com a vida cotidiana enquanto você está em casa ou na estrada; enquanto está sentado, caminhando, deitado ou se levantando. Encha o mundo de seus filhos com as palavras de Deus para que eles desenvolvam um senso de quem ele é, de quem eles são em relação a Deus e de como eles devem viver no mundo de Deus.

Seus filhos amadurecem por meio de conversas

Em um universo perfeito, as conversas de Deus com Adão e Eva eram necessárias para que a humanidade pudesse encontrar seu lugar no mundo de Deus. Após o pecado ter arruinado tudo, tais conversas permanecem fundamentais. O pecado, no entanto, complica as coisas. Nem sempre nos comunicamos bem com nossos filhos, e nossos filhos nem sempre estão preparados para abraçar o processo que Deus projetou para servi-los melhor.

Em uma tarde, meu filho em idade escolar do Ensino Fundamental I, sem nem mesmo hesitar, disparou de volta para mim: "Já estou fazendo isso". Eu tinha acabado de tentar oferecer-lhe uma maneira melhor de responder a seu irmão, mas ele não estava aceitando. Sua resposta para mim veio depois de um fim de semana de tênis verbal: toda vez que eu tentava lhe dizer algo sobre a vida, ele imediatamente devolvia a bola com uma razão para não precisar ouvir o que eu estava dizendo.

Então eu disse: "Espere um minuto. Neste exato momento, houve uma conversa que ocorreu dentro da sua cabeça que foi algo assim: 'Uau! Meu pai acabou de interromper o que estava fazendo para falar sobre minha vida porque ele achou que havia algo que eu precisava ouvir, e eu estou tão entusiasmado para ouvir o que ele tem a dizer que vou tirar todos os outros pensamentos da minha cabeça para que eu possa me concentrar nas palavras dele. Mesmo que apenas 5% do que ele disser sejam coisas que eu não sei, eu quero absorver'. Era isso o que você estava pensando neste exato momento, não era?".

"Não", ele franziu o cenho enquanto tentava entender o rumo que aquela conversa estava tomando.

Trocando de assunto abruptamente, perguntei-lhe: "Quanto tempo os gatinhos ficam com suas mães?".

Ele deu de ombros e disse: "Não sei, dois a três meses?".

"Chegou perto", pensei, então disse: "Está bem, mas você está aqui comigo e com a sua mãe por muito mais tempo. Por que isso?".

Ele olhou para o chão e disse suavemente: "Porque Deus acha que eu tenho coisas para aprender".

Eu acenei com a cabeça em consentimento e acrescentei: "Mas você não quer estar aqui. Você está interagindo conosco assumindo que não tem nada a aprender de nós. Cada vez que você faz isso, está me dizendo: 'Pai, eu realmente não deveria estar aqui agora. Eu deveria estar por conta própria'. Você esqueceu o motivo pelo qual está aqui".

Mesmo quando ele esquece, eu tenho que lembrar. Pelo desígnio de Deus, entramos na vida sem saber nada, então, lentamente, somos levados a compreender nosso mundo e nosso lugar dentro dele por meio da maneira tão comum de ter conversas com pessoas. Com a ajuda delas, ao longo do tempo, amadurecemos e nos tornamos membros da sociedade que contribuem e são responsáveis, e que, por sua vez, podem apoiar e nutrir os outros. Curiosamente, Deus confia nosso desenvolvimento a pessoas que antes eram mais ignorantes do que são agora, o que no caso do meu filho significa minha pessoa durante um futuro previsível.

Esse processo é tão comum que é frequentemente usado para impulsionar o arco narrativo da literatura popular. Um novato — as crianças de Nárnia, os hobbits da Terra Média, Harry Potter, Bela, a vampira — mergulha num mundo tão desconhecido que ele se vê debatendo-se nele, sem saber como responder. Os perigos espreitam e a felicidade futura do novato pende na balança com cada decisão. Então, aos poucos, ele aprende a navegar e dominar sua nova experiência porque outras pessoas conversam com ele.

As pessoas lhe contam histórias que dão profundidade e sentimento ao mundo. Elas o instruem. Elas o corrigem. Elas lhe dão novas lentes através das quais ele pode ver o mundo e a si mesmo com mais clareza enquanto vislumbra o que ele e o futuro podem ser. Ele fica mais apaixonado e tenta viver o que lhe foi ensinado. Ele cresce mais do que jamais esperou crescer, tudo isso por meio da normalidade da conversa.

Tais histórias de maturidade nos tocam em parte ao nos aproximarem da maneira como Deus estruturou seu mundo. Nós nos vemos nelas. Desenvolvemos nossa compreensão do mundo e do nosso lugar nele, aprendendo com aqueles que já conhecem seus pormenores. Ao nascer, somos todos novatos que se deparam com um mundo estranho acerca do qual aprendemos pouco a pouco, uma conversa de cada vez.

Nós nunca superamos nossa necessidade de conversas transformadoras

O livro de Provérbios é dedicado a essa noção de que viver bem dentro do mundo de Deus requer conversas. Ela toma a forma de um pai que se dirige pessoalmente a seu filho, suplicando-lhe apaixonadamente que obtenha sabedoria e compreensão (Pv 1.8-9). Se o filho ouve, então o pai promete que ele escapará de ser um tolo e não arruinará sua vida (Pv 1.32-33). Essa transformação de tolo em sábio acontece quando uma pessoa fala com outra sobre quem Deus é e como Deus afeta tudo na vida.

Ao ler, porém, você percebe que Provérbios não é simplesmente um livro para crianças, apesar de se dirigir várias vezes ao "meu filho", porque uma pessoa sábia desenvolve um gosto por conversas transformadoras que continuam durante toda sua vida. Ela se rodeia de um ritmo constante de conversas orientadas a Deus. Ela dá as boas-vindas às pessoas que irão falar com ela sobre si mesma, sobre sua vida e acerca de como cada parte da vida se relaciona com Deus (p. ex., Pv 1.5; 12.5; 15.22).

Mais do que isso, ela se compromete não simplesmente a ouvir dos outros, mas a participar da discussão, falando a outros que queiram ouvir para que a vida deles seja enriquecida (p. ex., Pv. 12.18; 15.7; 16.23). O livro de Provérbios retrata a pessoa que cresce em sabedoria como alguém que nada em um mar de palavras sem se afogar.

É válido observar que mesmo depois de Jesus derramar seu Espírito Santo sobre seu povo, ele continua empenhado em amadurecê-lo, em parte, por meio das conversas que eles têm uns com os outros (p. ex., Rm 15.14; Ef 5.18-20; Cl 3.16;

1Ts 5.14; 2Tm 2.2, 24-26; 4.2; Tt 1.9; Hb 3.13). Ele espera que você participe de uma conversa contínua e eterna com o povo dele, conversa essa que faz a ligação de Cristo e a fé nele com a vida, pois cada uma das pessoas do povo de Deus compartilha do seu ministério da palavra (1Pe 4.10-11).

Se você refletir só um pouquinho sobre a vida de Jesus, perceberá que dificilmente é surpreendente que a igreja deva ter conversas contínuas. Afinal de contas, ele conversava constantemente. Jesus fez muitas boas obras, mas muito da sua vida foi devotado a falar — no ensino formal, nas discussões de pequenos grupos, nas conversas com indivíduos ou simplesmente nas conversas com seus amigos. Ele não foi um homem de poucas palavras.

E, uma vez que Jesus une você a ele próprio e derrama seu Espírito em você, só faz sentido que você aprenda a falar da forma como ele fala. Ele torna possível as conversas piedosas e espera que você se entregue a elas porque as pessoas ao seu redor — seus filhos — precisam delas.

Em outras palavras, a dinâmica colocada em movimento pelo ouvir e depois pelo responder à mensagem pregada da cruz ainda está em movimento. Nós entramos na família de Deus por meio das palavras, e crescemos na família dele por meio das palavras. Chegamos a compreendê-lo, a compreender a nós mesmos, os outros e o nosso mundo — e como nos encaixamos com ele e com os outros no mundo de Deus — tudo por meio de uma conversa incansável uns com os outros.

9
História ampliada: O funeral da babá

Foi uma boa morte. A visão da minha avó tinha falhado na última década, até que ela ficou quase cega e passou o último ano confinada a uma cadeira de rodas no lar de idosos. Ela estava mais do que pronta para seu retorno ao lar há bastante tempo. Foi uma boa morte. Mas era morte. Como dar a notícia aos meus filhos?[1]

Não lidamos bem com a morte nos EUA. Dificilmente reconhecemos sua existência. Indústrias inteiras, desde a carne embrulhada em plástico, pré-embalada, até os cuidados hospitalares, dedicam-se a manter a feia realidade da morte em quarentena segura em locais afastados e especializados. Dificilmente trazemos a presença da morte em nossas conversas, preferindo fingir que trata-se de uma anomalia rara. Misericordiosamente, a Escritura está mais em sintonia com as realidades da vida do que a nossa cultura atual está.

Então, depois do jantar, eu disse às crianças que a bisa havia morrido naquela manhã e que seu funeral seria realizado alguns dias depois. Imediatamente, meu filho

---

[1] Essa história apareceu originalmente em meu livro *Grace through the Ages* (Ambler, PA: Tillett Consulting, 2012).

mais novo, Danny, quis saber se todos nós tínhamos que ir. Danny realmente não gosta da morte. Não tínhamos permissão para falar sobre nossa antiga gata de estimação que morrera há três anos por causa de como ele ainda se sentia triste pensando nela. Já era possível vê-lo recuando rapidamente do funeral da bisavó.

Felizmente, eu havia separado um tempo antes para pensar em como falar com as crianças. Em resposta à pergunta de Danny e para dar a Cass e a Tim uma maneira de processar a perda, recorri a uma passagem em Eclesiastes 7.2-4 que não tínhamos discutido anteriormente e começamos a ler: "É melhor ir a funerais que ir a festas" (NVT).

Com base nos olhares confusos ao redor da mesa, ninguém pensou que isso fizesse algum sentido. Eu continuei lendo: "Afinal, todos morrem, e é bom que os vivos se lembrem disso [...] O sábio pensa na morte com frequência, enquanto o tolo só pensa...".

"... Em se divertir", Danny se juntou para completar o pensamento enquanto eu fiz uma pausa a fim de permitir que eles absorvessem o que estávamos lendo.

Sorrindo, eu disse: "É isso mesmo! Em se divertir. Uma pessoa sábia pensa na morte, mas um tolo só pensa em se divertir".

Outra pausa, então perguntei: "Por que é melhor pensar na morte do que em se divertir? Isso parece meio estranho, não parece?".

"Sim", eles acenaram com o cenho franzido enquanto pensavam.

Então eu perguntei: "O que acontece depois que você morre?".

"Você vai para o céu ou para o inferno."

"Está bem, mas o que há de tão especial em ir para o céu?"

Timmy disse: "Porque é lá que Jesus está".

"Certo. Quando você morre, você vai para estar onde Jesus está ou você vai...".

"... para onde Jesus não está", eles completaram.

"E por quanto tempo você estará com Jesus ou não estará com Jesus?"

"Para sempre", responderam eles.

"Vinte e sete bilhões de anos?", eu perguntei.

"Mais tempo", veio o refrão dos três.

"Cinquenta e sete trilhões de anos?"

"Mais tempo", novamente em uníssono, mas um pouco mais alto.

"Então, se esta vida tem três oitavos de centímetro de comprimento", disse eu, beliscando o ar com o polegar e o indicador para que houvesse um pequeno intervalo entre eles, "e a próxima vida é como daqui até o sol — que é cerca de 146 milhões de quilômetros —, então é mais sábio passar o tempo pensando em qual linha? Na linha dos três oitavos de centímetros ou na linha dos cento e quarenta e seis milhões de quilômetros?".

"Na linha dos cento e quarenta e seis milhões de quilômetros", eles concordaram.

"É o que eu vou fazer na próxima terça-feira. Vou ao funeral da bisa e pensar na linha dos cento e quarenta e seis milhões de quilômetros. E eu acho que vocês também deveriam ir. Vocês vão ficar tristes e vão chorar — eu vou chorar. Muito. Mas vou passar um tempo pensando com quem quero estar durante os cento e quarenta e seis milhões de quilômetros e que diferença isso faz na minha vida de três oitavos de centímetro agora."

Eu continuei: "Vocês não precisam ir, mas acho que isso lhes dará a chance de serem pessoas sábias e de pensarem em como essa vida é apenas o começo — a porta para a próxima vida — e em quem você quer ser na vida de cento e quarenta e seis milhões de quilômetros".

Todos decidiram ir, e alguns dias depois partimos para o funeral. No caminho, oramos como família por nossa viagem, pelo tempo com nossa família estendida e pela incerteza do próprio funeral. Entre outras coisas, Timmy pediu a Jesus: "Por favor, me ajude a pensar na vida de cento e quarenta e seis milhões de quilômetros esta manhã, e não apenas nessa curta de três oitavos de centímetro".

É bom para seus filhos que eles aprendam a pensar em coisas difíceis. Mas eles não podem fazer isso sem você. Deus fala de maneira a lhe dar um vocabulário para usar e uma estrutura que coloca em perspectiva até mesmo coisas difíceis como a morte — uma perspectiva que você e seus filhos podem abraçar, porque a maneira de pensar de Deus faz muito sentido. Sua voz de pai ou mãe é essencial ao chamar seus filhos a abraçarem a voz de Deus.

Parte 2
A ESPERANÇA

Jesus continua usando a boca dele para falar em seu favor a despeito de quão mal você tem usado a sua.

10
Algumas vezes você não quer conversar

Seus filhos precisam que você entre na vida deles intencionalmente e fale com eles sobre quem Deus é e como ele envolve seu mundo se seus filhos tiverem a chance de enxergá-lo corretamente e crescerem bem no mundo dele. Pelo desígnio de Deus, essas oportunidades surgem todos os dias e, ainda assim, muitas pessoas se afastam delas por uma série de razões. Aqui está uma pequena lista com algumas delas, as quais provavelmente lhe são familiares.

Você não tem a tendência de iniciar conversas quando se sente:

- *Cansado* depois de um longo dia;
- *Desajeitado*, pois parece que você nunca sabe o que dizer;
- *Intimidado* pelo assunto;
- *Consumido* pelas coisas que precisam ser feitas;
- *Impotente* para resolver problemas ou para fazê-los desaparecer;
- *Preocupado* com alguma outra coisa que você ache mais interessante;

- *Criticado* sempre que você não diz o que outra pessoa quer ouvir;
- *Com medo* das pessoas se fecharem se elas pensarem que você está se intrometendo;
- *Apreensivo* porque conversas anteriores terminaram mal;
- *Exposto* pelas coisas tolas e iradas que você pode dizer;
- *Ameaçado* pela possível reação de alguém;
- *Indesejado* pela pessoa com quem você tem tentado se relacionar.

Você se identifica com algum desses medos ou sentimentos? Eu me identifico. Você poderia facilmente acrescentar uma série de outros à lista, alguns dos quais provavelmente o descreveriam ainda melhor. Em um mundo saturado de pecado, há tantas variações sobre os temas comuns de autoproteção e autoabsorção que nos impedem de iniciar conversas úteis com nossos filhos.

O resultado final, entretanto, é o mesmo: ao não falar com seus filhos, você os está preparando para acreditar em coisas sobre o mundo que não são verdadeiras. Esse engano involuntário acontece quando você não os envolve, quando você se afasta e não diz coisas que eles realmente precisam ouvir. Acontece também quando você os envolve, mas reconfigura a verdade para que ela fique mais fácil de ser dita ou porque você acha que isso fortalece seu ponto de vista.

Quer você retenha a verdade ou a torça, você apresenta aos seus filhos uma falsa imagem do mundo. Você lhes comunica mal a realidade. Isso é ruim. O pior é que, ao fazê-lo, você os convida a interagirem com essa falsa imagem como se ela fosse verdadeira. Eles, então, tentam pensar, falar ou agir e reagir a um mundo que não existe, embora pensem que exista — um mundo que você ajudou a construir omitindo a verdade ou corrompendo-a.

É assim que as pessoas acabam fazendo um teste para o *American Idol*, quando realmente não deveriam. Você já ouviu algumas das provas em que uma solista ardente, intensa e esperançosa está cantando de todo o coração, e não há uma maneira educada de dizer isso, mas ela é simplesmente horrível? Você já se perguntou como isso acontece?

Sei que não canto bem, por isso não preciso de uma oportunidade televisiva para provar isso. Aparentemente, porém, outras pessoas precisam. Mas isso me faz pensar, enquanto ouço essas audições: "Uau... você não tem nenhum amigo? Alguém que amorosamente o chamaria de lado e diria: 'Olha, você é uma pessoa linda e com uma grande variedade de talentos, mas este simplesmente não é um deles. Por favor, não se envergonhe buscando isso publicamente'".

Por que ninguém fez isso por essas pessoas esperançosas? Certamente alguém ficou ao lado delas enquanto cantavam "Parabéns" ou as ouviam cantar enquanto caminhavam de quarto em quarto pela casa ou iam com elas a uma festa de karaokê e perceberam que cantar não era um de seus dons.

E não estamos falando de uma ou duas pessoas que são os patinhos feios. Estamos falando de um número significativo de pessoas que são embaraçosamente desafinadas, mas que estão dispostas a tentar mesmo assim. Por que ninguém lhes disse a verdade?

Por causa dos motivos listados anteriormente. Porque as pessoas têm medo de ferir os sentimentos de seus amigos.

Ou porque estão preocupadas com a possível reação deles. Ou porque odeiam a ideia de uma conversa embaraçosa. Ou porque estão preocupadas que o relacionamento possa perder um pouco da proximidade. E assim as pessoas não se envolvem honestamente com seus amigos porque pensam que a alternativa manterá a vida do jeito que elas querem.

Esse é o objetivo de aparar a verdade. Você olha para o caminho e avalia o que poderia acontecer se você falasse honestamente; e se, na sua opinião, fazer isso poderia prejudicar algo que você realmente quer, então você não o faz.

A dissimulação começa cedo. Penso no menininho que afirma ter escovado os dentes quando não escovou a fim de poder continuar brincando. Ele quer proteger sua diversão. Ele sabe que se for honesto terá que fazer algo que não é divertido e por isso mente e convida seus pais a entrarem em um mundo de fantasia da sua criação.

Ou considere a pequena pessoa que mente sobre roubar biscoitos antes do jantar porque ela quer comer a sobremesa depois. Ela está protegendo algo que ela quer, construindo um mundo imaginário e, portanto, falso para seus pais.

E isso só piora à medida que as pessoas envelhecem. Lembro-me da estudante universitária que disse a seus pais que não estava saindo com um certo jovem embora ela ainda estivesse, porque eles não aprovavam a escolha dela. Ela tinha medo de que a verdade levasse seus pais a fazerem pressão para que ela terminasse o relacionamento que ela ainda queria.

Há também o jovem cuja esposa foi embora, mas ele continuou a deixar todos acreditarem que eles ainda estavam juntos porque se outras pessoas soubessem, isso arruinaria sua imagem. Assim, ele omitiu a verdade para proteger sua reputação com medo do que os outros pensariam ou fariam se soubessem a realidade de sua vida.

Não preciso perguntar se você se identifica com alguma dessas pessoas. Eu sei que você se identifica. Toda pessoa na terra sabe, em primeira mão, o que é distorcer a realidade para proteger algo que ela quer. É possível que você não tenha a intenção de mentir, mas seja pelo que você disse, seja pelo que você não disse, ou pelo modo como você disse, você comunicou um mundo que não existe e convidou alguém a viver nele de qualquer maneira. Já é ruim o suficiente quando você faz isso com outros adultos. É muito pior quando o faz com seus filhos, que estão apenas aprendendo a entender o mundo e o lugar que ocupam nele.

Aqui está a boa notícia: você não está sozinho. Alguns dos amigos mais próximos de Deus produziram um caos total na própria vida ao fazer a mesma coisa que você fez: apresentar uma imagem distorcida da realidade para que outras pessoas se envolvessem. Do que você precisa se esse for você? Do que você precisa se não quiser manifestar-se ou não quiser falar a verdade quando for necessário dizê-la?

Você precisa de esperança. Esperança de que você não tenha arruinado tanto seus relacionamentos a ponto de estarem além da reparação ou da redenção. E esperança de que você possa crescer para aprender uma maneira diferente de conversar que seja melhor para as pessoas ao seu redor. Isso significa que você precisa saber que outra pessoa, que é maior do que você e melhor do que você, está envolvida em sua vida enquanto você fala com seus filhos.

O relato de Abraão sobre como ele mente aos outros em Gênesis 20 é uma dessas histórias de esperança. É um grande estudo de caso que vamos examinar nos próximos capítulos.

Gênesis 20

Partindo Abraão dali [dos carvalhais de Manre (Gn 18.1)] para a terra do Neguebe, habitou entre Cades e Sur e morou em Gerar. Disse Abraão de Sara, sua mulher: Ela é minha irmã; assim, pois, Abimeleque, rei de Gerar, mandou buscá-la. Deus, porém, veio a Abimeleque em sonhos de noite e lhe disse: Vais ser punido de morte por causa da mulher que tomaste, porque ela tem marido. Ora, Abimeleque ainda não a havia possuído; por isso, disse: Senhor, matarás até uma nação inocente? Não foi ele mesmo que me disse: É minha irmã? E ela também me disse: Ele é meu irmão. Com sinceridade de coração e na minha inocência, foi que eu fiz isso. Respondeu-lhe Deus em sonho: Bem sei que com sinceridade de coração fizeste isso; daí o ter impedido eu de pecares contra mim e não te permiti que a tocasses. Agora, pois, restitui a mulher a seu marido, pois ele é profeta e intercederá por ti, e viverás; se, porém, não lha restituíres, sabe que certamente morrerás, tu e tudo o que é teu.

Levantou-se Abimeleque de madrugada, e chamou todos os seus servos, e lhes contou todas essas coisas; e os homens ficaram muito atemorizados. Então, chamou Abimeleque a Abraão e lhe disse: Que é isso que nos fizeste? Em que pequei eu contra ti, para trazeres tamanho pecado sobre mim e sobre o meu reino? Tu me fizeste o que não se deve fazer. Disse mais Abimeleque a Abraão:

Algumas vezes você não quer conversar

Que estavas pensando para fazeres tal coisa? Respondeu Abraão: Eu dizia comigo mesmo: Certamente não há temor de Deus neste lugar, e eles me matarão por causa de minha mulher. Por outro lado, ela, de fato, é também minha irmã, filha de meu pai e não de minha mãe; e veio a ser minha mulher. Quando Deus me fez andar errante da casa de meu pai, eu disse a ela: Este favor me farás: em todo lugar em que entrarmos, dirás a meu respeito: Ele é meu irmão.

Então, Abimeleque tomou ovelhas e bois, e servos e servas e os deu a Abraão; e lhe restituiu a Sara, sua mulher. Disse Abimeleque: A minha terra está diante de ti; habita onde melhor te parecer. E a Sara disse: Dei mil siclos de prata a teu irmão; será isto compensação por tudo quanto se deu contigo; e perante todos estás justificada. E, orando Abraão, sarou Deus Abimeleque, sua mulher e suas servas, de sorte que elas pudessem ter filhos; porque o Senhor havia tornado estéreis todas as mulheres da casa de Abimeleque, por causa de Sara, mulher de Abraão.

11
Abraão fala inapropriadamente por Deus

Abraão mentiu sobre sua esposa. Ele tinha acabado de se mudar para uma nova região e estava assustado. Ele assumiu — com ou sem razão — que se as pessoas soubessem que Sara era sua esposa, elas poderiam tentar matá-lo para chegar até ela. A partir daí ele raciocinou: "Se ninguém pensar que ela é minha esposa, então não há razão para me matar". Era verdade, mas o raciocínio dele não foi adiante o suficiente. Ele não percebeu que longe de remover o interesse das pessoas por Sara, o contrário tinha que acontecer; o interesse das pessoas só aumentaria, já que não havia razão para que elas não se interessassem.

O desfecho é que Abraão se viu em uma posição muito desconfortável com Abimeleque. Não sabemos como, mas Sara chamou a atenção de Abimeleque, e ele a quis, então mandou chamá-la.

Agora, tenha em mente que Abraão tinha servos suficientes para montar um exército de 318 homens que derrotaram o poder militar combinado de quatro reis (Gn

14.11-16). Ele não é o tipo de homem com quem se começaria uma guerra casualmente, o que me leva a pensar se Abimeleque teria feito uma abertura diplomática a Abraão para discutir o casamento com sua "irmã". Isso teria sido desconfortável para Abraão — mas não mais difícil do que quando Abimeleque mandou buscar Sara.

Quer tenha havido ou não conversas antecipadas, é claro que Abimeleque não conhecia a verdadeira natureza da relação do casal. Isso significa que Abraão permaneceu em silêncio. Mesmo que não tenha encorajado verbalmente Abimeleque, ele não discordou publicamente. E ele deveria tê-lo feito. Em algum momento, à medida que as coisas se desenrolavam, passou muito da hora de Abraão falar claramente: "Hum, isso é embaraçoso, mas sabe de uma coisa? Sinto muito. Eu menti".

Mas ele não o fez. E assim Abimeleque mandou chamar Sara, forçando Abraão a enfrentar uma situação impossível causada por si próprio. Agora ele tinha que conversar com sua esposa. Você consegue imaginá-lo dizendo: "Minha nossa, querida, tenho más notícias"? O que será que passou pela cabeça de Abraão ao ver Sara empacotar seus pertences e deixar sua tenda para ir morar com outro homem?

Enquanto você pensa no processo, percebe que a mentira de Abraão não foi uma coisa isolada, do tipo que se diz quando se está no calor do momento. Ele não só planejara a mentira com antecedência como também teve diversas oportunidades de retratar-se, mas não aproveitou nenhuma delas. O medo é poderoso. Uma vez que você inicia o caminho do engano, é difícil fazer qualquer coisa que não seja continuar.

E os efeitos continuam crescendo. Abraão deturpou a realidade para Abimeleque, e Abimeleque, em vez de reagir de maneira correspondente a como as coisas realmente eram, reagiu de maneira correspondente à informação que lhe havia sido passada. Uma vez que pensou que Sara fosse irmã de Abraão, ele não viu nada de errado em pensar que ela estava disponível. A pequena mentira de Abraão para proteger-se afetou não só ele e sua casa, mas todos à sua volta.

Essa é uma das razões pelas quais as mentiras são erradas; elas não amam seu próximo. Elas não se importam com o bem-estar de ninguém. Elas apresentam uma visão falsa do mundo como se fosse verdade e depois convidam aqueles ao seu redor a interagirem com esse falso mundo. Quando a imagem que você cria para os outros não é verdadeira, você está preparando as pessoas para agirem de uma forma que certamente prejudicará tanto elas quanto você no processo. As mentiras sempre têm um custo, mesmo que inicialmente não pareçam tão ruins.

Abraão estava agora sentindo o custo. Sara certamente sabia o custo. Mas, francamente, o mundo inteiro estava prestes a pagar. Está bastante claro nesse ponto de Gênesis que o filho da promessa virá por meio da união de Abraão e Sara (Gn 17.15-22). Essa criança seria o pai do povo de Deus do qual finalmente viria o Messias, que salvaria seu povo e esmagaria a cabeça de Satanás (Gn 3.15). Ao Sara deixar a tenda de Abraão, aquele filho da promessa está agora em perigo. Esse é um custo enorme que Abraão nunca considerou.

A mentira de Abraão, no entanto, também custa a Deus, mas para enxergar esse preço você precisa recuar e olhar para o quadro geral. Lembre-se, Deus originalmente criou as pessoas à sua imagem para que elas pudessem ser uma imagem visível do Deus invisível ao resto da criação, representando-o para tudo e para todos ao seu redor (Gn 1.26-28).

É por isso que a rebelião no jardim do Éden é tão vil. As imagens de Deus rejeitaram os caminhos de Deus no mundo de Deus, escolhendo, em vez disso, seguir outra voz. E, naquele instante, trocaram seu privilégio de refletir a glória de Deus por espelhar a feiura da serpente.

Os vários capítulos seguintes de Gênesis detalham como a história da humanidade vai de mal a pior à medida que o mal aumenta em amplitude e em profundidade, espalhando-se pela terra e infiltrando-se em cada coração humano.

- A transferência de culpa do capítulo 3 dá lugar ao assassinato no capítulo 4.
- O capítulo 6 explica que o mal está tão profundamente enraizado no coração da humanidade que toda inclinação do coração humano é apenas para o mal o tempo todo (Gn 6.5). Deus reage com o julgamento de purificação do dilúvio (Gn 6–9), mas mesmo aquela catástrofe não mudou nossa condição infectada pelo pecado (Gn 9.18-28).
- O capítulo 11 encerra essa seção de Gênesis observando que a raça humana se desenvolveu tanto quanto possível a partir do mandato original de encher a terra com a imagem de Deus (Gn 1.28). Em vez de espalharem-se pelo globo e proclamarem a glória do Senhor, as pessoas se ajuntaram em uma cidade, Babel, para fazer com que seus nomes fossem conhecidos (Gn 11.4).

Então você vira a página para o capítulo 12 e é apresentado a uma pessoa muito abaixo do esperado: Abraão. Um nômade que vagueia pelo meio do deserto. Um zé-ninguém. Mas você se lembra do que Deus chama Abraão quando ele confronta Abimeleque? Ele é um profeta (Gn 20.7). Abraão é alguém que fala por Deus. Ele é completamente desconhecido e não possui qualquer referência, mas Deus decidiu que ali estava a pessoa por meio da qual ele se faria conhecido. Se você ouve Abraão, você ouve Deus. Ele é o novo Adão.

E essa pessoa com um chamado tão elevado, para ser representante de Deus, abre a boca e fala como a serpente. Mais tarde, Jesus chamará Satanás de mentiroso desde o início e o pai da mentira (Jo 8.44), e aqui está Abraão, o novo representante de Deus, falando mentiras, soando como a serpente. Ele arruinou sua própria família e colocou Abimeleque e sua família em risco, mas pior do que tudo isso, ele representou mal a Deus para o cosmos.

É trágico. Deus está trabalhando para redimir o horror do Éden, e Abraão está trabalhando para recriá-lo.

Você é capaz de identificar-se com isso? Houve ocasiões em que você representou a serpente melhor do que representou o seu Criador? Houve ocasiões em que você remodelou a verdade por medo de que algo acontecesse que você não queria? Você mentiu sobre onde estava ou com quem estava. Você mentiu sobre onde estava indo ou sobre o que fez quando chegou lá. Você pintou ativamente um quadro que fez as pessoas olharem na direção errada.

Isso acontece nas grandes escalas de Gênesis 20. Isso acontece diariamente nos níveis mais triviais. Eu participei de uma aula onde o professor estava tentando realizar uma discussão em grupo, só que ninguém estava dizendo muito, então ele perguntou: "Vocês fizeram a leitura para esta semana?". Ninguém respondeu, então ele olhou diretamente para mim e perguntou novamente: "Quanto você leu?".

Eu olhei bem nos olhos dele e disse: "A maior parte" (e com isso eu quis dizer que estaria me aproximando de cerca de 51 por cento). Só que eu sabia que ele interpretaria "a maior parte" como um número que estava mais perto dos 90%, e era isso que eu queria que ele pensasse. Intencionalmente, representei mal a Deus naquele momento. Eu direcionei mal outra imagem de Deus para que meu professor ainda pensasse que eu era um bom aluno.

É tão fácil representar mal a Deus pelo que você diz e pelo que você deixa não dito. Você sabe que sua esposa ficaria magoada ou zangada com os sites da Internet que você visitou, por isso, você não se incomoda em contar a ela. Ou você sabe que seu marido questionaria seus gastos, então você os esconde dele e usa dinheiro em vez do seu cartão de crédito. Ou houve momentos em que você não corrigiu seu chefe, mas permitiu que ele acreditasse que sua parte do projeto seria feita antes do prazo esperado.

Deixar as coisas não ditas faz todo sentido, mas somente se seu objetivo for convidar as pessoas a pensarem melhor de você do que elas deveriam. No entanto, não leva muito tempo para aprender que essas formas passivas de representar mal a Deus são tão mortíferas quanto as ativas. Sempre que você se propuser a representar a serpente ingrata e egocêntrica que ajudou a arruinar o jardim, pode esperar uma ruína semelhante em sua própria vida.

Esse é o caminho no qual Abraão se propôs, pois ele representou mal a Deus de forma ativa e passiva a Abimeleque. Infelizmente, esse caminho é demasiadamente comum. O que é surpreendente é a pessoa incomum que estendeu a mão para ajudar Abraão nesse caminho.

12
Deus fala por Abraão

Como você responderia à traição de Abraão se fosse Deus? Eu me sentiria tentado a deixá-lo a sofrer as consequências: "O que você acha que está fazendo? Olhe tudo o que estou tentando fazer para resgatar a raça humana e olhe tudo o que pessoalmente lhe prometi. Se eu não fosse capaz de mantê-lo vivo, certamente não teria jurado, sobre minha própria vida, dar-lhe um filho e um lugar para a sua família viver (Gn 15.12-21). Onde está a fé pela qual você é tão conhecido (Rm 4.3; Hb 11.8-10; Tg 2.23)? Se você tivesse sequer um pingo de força de caráter, nós não estaríamos nesta confusão!".

Ou talvez você não seja do tipo que explode. Talvez você se sentisse mais tentado a suspirar de frustração e jogar suas mãos no ar: "Ok, Abraão, você fez sua cama, agora você só terá que deitar-se nela... sozinho. Está na hora de você lidar com algumas consequências do que fez. Talvez perder Sara seja o que você precisa para acordar".

Ou pior: "Quer saber? Eu não tenho tempo para este absurdo. Tenho um mundo para salvar e você não está ajudando em nada. Vou ter que colocá-lo na prateleira de trás enquanto procuro alguém — alguém que possa me representar melhor".

Deus não faz nada disso. Ele não fica de braços cruzados. Ele age. Ele se envolve. Ele inicia. Mas ele não vai a Abraão para fazê-lo sentir-se culpado de forma que ele vire homem, faça o que é certo e se defenda. Nem Deus vocifera a Abraão por este tê-lo decepcionado. Na verdade, ele não vai a Abraão de forma alguma. Ele vai até Abimeleque para começar a acertar as coisas que estão erradas.

O contraste entre Deus e Abraão é dramático. Abraão teve tempo mais do que suficiente para agir e não o fez, enquanto Deus não perdeu tempo algum. Ele se move rapidamente para confrontar Abimeleque antes que este chegue perto de Sara ou a toque (Gn 20.4, 6). Deus está mais envolvido na vida de Abraão do que o próprio Abraão.

Esse não é um Deus que tem uma política de não se envolver na condução de seu mundo. Ele se importa com o que acontece com as pessoas, especialmente com seu povo — e especialmente com aqueles que trabalham arduamente para arruinar a vida deles — e age de acordo com o seu interesse. Ele se importa com você e com a bagunça que você causou em sua vida ainda mais do que você.

Ao ver o que Deus faz por Abraão, você percebe que custa a ele se envolver. O que Deus faz? Conversa com Abimeleque. Ele conversa. Isso é muito importante nesse contexto. Não deixe passar batido o que está acontecendo aqui. Deus usa palavras que Abimeleque vai entender e as usa para transmitir não uma imagem deformada da realidade, mas uma imagem de como o mundo realmente é — de quem Sara realmente é e o que vai acontecer com Abimeleque e com aqueles que estão ligados a ele caso ele não fizer as coisas certas.

Deus fala por Abraão

Deus iniciou uma conversa para restaurar Sara a Abraão. Ele usou sua boca para falar de coisas que eram do melhor interesse de Abraão. Ele falou com sinceridade para que Abimeleque pudesse ter uma imagem precisa de quê? De Abraão. Deus não falou sobre si mesmo, mas representou Abraão e seus interesses para Abimeleque. Deus inverteu os papéis e se tornou o profeta de Abraão. Isso é humildade. Ele se tornou o porta-voz de Abraão, falando o que era certo e verdadeiro de Abraão e de sua vida.

Naquele momento, você vê o coração de Deus. Ele não falou porque isso enriqueceria seu próprio mundo ou tornaria as coisas melhores para si mesmo. Ele poderia ter encontrado outra pessoa para tomar o lugar de Abraão como pai de muitas nações (Gn 17.4). Mas ele não queria outra pessoa. Por isso ele se vinculou a Abraão e fez aliança com ele (Gn 15.8-21).

Tendo feito isso, Deus falou em nome de Abraão para tornar sua vida melhor. Ele se importa com seu povo, mesmo com aqueles que não o merecem — com aqueles que o representaram mal na forma como agem em relação aos outros. Ele não lança em rosto os seus fracassos, mas age mesmo quando você não está certo para promover-lhe uma vida melhor do que aquela que escolheu para si mesmo.

Observe que isso nem sempre significa uma vida fácil. O fato de Deus falar por Abraão significou que Abraão precisou ter uma conversa muito difícil com Abimeleque (Gn 20.9-13). Ele teve que assumir a responsabilidade pelo que fizera com Abimeleque e Sara, e pelos motivos covardes por trás disso. Não foi fácil, porém estando comprometido aos anseios redentores de Deus, há glória mesmo no ato de assumir a responsabilidade pelas coisas feias que ele fez.

Enquanto Abraão confessava seu pecado junto com o que o levou a mentir, ele refletiu o Deus da verdade ao falar com precisão sobre o que fizera de errado. Naquele momento, Abraão retomou seu papel de representante de Deus, falando honestamente sobre a maneira como o mundo é, em vez de tentar esconder coisas de outras pessoas. Mesmo quando seus representantes não vivem corretamente, Deus abre um caminho para que eles lidem com os próprios fracassos de uma forma que possa honrá-lo. Nunca deixe de levar isto a sério: Deus sempre abrirá um caminho para que você viva retamente, mesmo depois de ter sido infiel.

O objetivo do relato não é mostrar que Deus trabalha para remodelar o mundo a fim de que você possa ter a vida que deseja. A questão é que o trabalho dele em sua vida o coloca de volta no lugar que você sempre foi destinado a ter no mundo de Deus.

Porém, você observou que ele fez mais do que simplesmente restaurar Abraão ao seu papel de um homem que fala a verdade? Ele restabeleceu o ministério de Abraão. Deus não veio a Abimeleque para dizer que ele deveria devolver Sara e para dizer que tudo ficaria bem em sua família depois disso. Abimeleque ainda precisava de Abraão para orar por ele. Abraão recuperou o papel que havia abandonado anteriormente.

Deus não lhe disse: "Certo, Abraão, eu entendo que isso é demais para você. Basta sentar-se, e eu assumo a partir daqui". Em vez disso, Deus se envolveu para que Abraão reassumisse seu legítimo lugar na terra, intercedendo por Abimeleque e pela família dele. Abraão mais uma vez levou palavras a Deus em favor de outras pessoas (Gn 20.17). Deus falou por Abraão, para que ele pudesse retomar seu lugar como profeta de Deus.

Isso soa realmente esperançoso até que lhe ocorra a pergunta: "Mas e se eu não for tão especial quanto Abraão?". Sem dúvida você é capaz de identificar-se com o pecado dele ao usar palavras para representar mal a Deus e a realidade aos seus filhos. Mas suspeito que você não tenha tido o mesmo tipo de experiência que Abraão teve em que Deus apareceu e fez aliança com você (Gn 15.9-21).

Então, que esperança você tem quando usa mal a sua boca? Essa pergunta reforça quão importante é que você enxergue como esse relato, assim como toda a Escritura, encontra seu cumprimento em Cristo.

13
Jesus fala por você

Abraão provou que não era o novo e impecável Adão — aquele que ao representar a Deus de forma perfeita para o cosmos seria o precursor e fundador de uma nova raça de humanos como ele. Mas Jesus é. É por isso que os teólogos o chamam de "o segundo Adão". Quando andou na terra, ele representou perfeitamente Deus em tudo o que fez e disse. Ele era *a* imagem de Deus. Quando você o via e ouvia, via e ouvia a Deus.

Mas Jesus fez mais do que apenas levar Deus aos homens. Ele também trouxe os seres humanos diante de Deus. Ele levou as palavras de volta a Deus para representar os seres humanos, intercedendo em favor deles. Ele orou por seus amigos — pelo bem-estar deles e quando eles tinham dificuldades (Lc 22.32; Jo 17.9, 15) — e orou até por aqueles que o odiavam (Lc 23.34), vivendo o que ensinou sobre orar pelos seus inimigos (Mt 5.44; Lc 6.28).

Jesus, a Palavra de Deus que se fez carne — manifestando fisicamente a voz de Deus para a humanidade —, também levou as palavras a Deus em favor da carne. Ele representou seus amigos para Deus e intercedeu em favor dos melhores interesses deles na sala do trono do céu.

Ele não só falou por um punhado de pessoas há dois mil anos, mas, mesmo naquela época, ele estava pensando em você e incluindo-o em suas orações (Jo 17.20). E ele continua a servir você levando palavras ao Pai mesmo agora como seu atual Sumo Sacerdote no céu, que "pode salvar totalmente os que por ele se chegam a Deus, vivendo sempre para interceder por eles" (Hb 7.25; veja também Rm 8.34). Ou como disse seu amigo João: "Se, todavia, alguém pecar, temos Advogado junto ao Pai, Jesus Cristo, o Justo" (1Jo 2.1). Jesus é nosso advogado, aquele que fala com o Pai em nossa defesa.

Em outras palavras, os escritores da Palavra tinham um senso de Jesus realizando um ministério de oração contínuo. Eles sabiam que nossa luta contra o pecado nesta terra é de variedade interminável e dura a vida inteira. Embora não sejamos mais controlados pelo pecado, ele ainda faz sentir sua presença diária e de hora em hora, o que significa que precisamos de cuidados regulares e de longo prazo que correspondam à natureza regular e de longo prazo do nosso problema.

Se você lutou com uma condição física crônica e descobriu um provedor de saúde que prometeu novas opções de tratamento, pode sentir alguma esperança, alguma sensação de: "Finalmente! Agora talvez cheguemos a algum lugar". Mas se essa pessoa e seus tratamentos não conseguirem continuar ou decidirem não continuar a acompanhá-lo para fazer a diferença em sua condição, então eles criam um fardo adicional. Você se sente ainda mais desmoralizado e sem esperança do que antes.

Jesus não acrescenta esse fardo a você. Ele fica com você, dando-lhe uma ajuda contínua. Ele continua intercedendo por você enquanto você luta, mesmo que ele não precise fazê-lo. Pense nisso. Ele entrou em sua vida com uma intervenção dramática e revolucionária. Na cruz, ele tomou seu pecado e lhe deu a justa posição que era dele junto a Deus. Ele então derramou seu Espírito em você para ensiná-lo e fortalecê-lo a fim de que você viva bem. Isso não é suficiente? Ele teria muita justificativa para recostar-se e deixar você lutar pelo resto da vida por conta própria.

Mas ele não faz isso. Ele não o abandona, não se cansa de trabalhar com você, não se sente sobrecarregado com você, não se sente desencorajado nem sai à procura de alguém que tenha mais chances de sucesso. Ele não o repreende. Ele não se afasta em horror, chocado. Ele não diz: "Nossa, o que será que você vai fazer agora?". Ele nem espera que você descubra que tem um problema.

Em vez disso, ele permanece perto de você, dedicado a fornecer cuidados contínuos ao interceder por você. Ele se assegura de que a cura que ele começou é uma cura que funciona plena e completamente para que um dia você não seja mais atormentado pelo pecado, mas esteja plena e completamente inteiro.

Isso significa que você não está sozinho quando peca. Jesus fala ao Pai por você, muitas vezes antes de você saber que tem um problema. Ele vai até o Rei de todo o universo e fala com ele em seu favor. Ele intercede por você com o Espírito Santo, que fala por você com gemidos inexprimíveis (Rm 8.26).

E é exatamente disso que eu preciso quando represento mal a Deus. Eu não preciso me esforçar mais para compensar o que fiz de errado, esperando que eu acerte da próxima vez para que ele me dê alguma folga. E eu não preciso fugir da confusão que fiz quando não sei o que fazer com ela. Ao invés disso, preciso correr confiadamente de volta ao meu Sumo Sacerdote e pedir a ele que me restaure, mesmo que eu tenha falhado miseravelmente de novo.

Isso é algo com o qual tenho mais experiência do que gostaria de admitir. Há anos, um de nossos filhos decidiu que viver em nossa casa sob a minha direção e de minha esposa não era sua melhor opção. Quando tentávamos entrar em sua vida e redirecioná-lo para o que achávamos melhor, éramos recebidos com olhares de tédio, raiva ou um sorriso falso que tinha a intenção de nos dizer o pouco que ele pensava da nossa contribuição. Depois ele desaparecia para outro cômodo a fim de fazer o que queria — assistir à TV, ler um livro ou jogar videogame — até que quisesse algo de nós. Então ele voltava para espiar e ver se ainda estávamos chateados.

À medida que horas de luta com sua abordagem se transformaram em dias que se transformaram em semanas sem nenhum movimento ou mudança perceptível, fiquei farto. Podia sentir meu pavio ficar cada vez mais curto com o passar do tempo. Eu estava menos disposto a aturar coisas de que não gostava. Tornei-me mais crítico, percebendo todas as coisas que ele estava fazendo de errado e deixando passar cada vez menos. Comecei a falar mais alto.

E eu me senti justificado. Eu tinha tentado ser razoável, mas ele simplesmente não estava entendendo. Foi quando comecei a recuar. Eu me vi fazendo todas as coisas que os representantes de Deus não fazem: evitava estar na mesma sala com ele ou fingia que não o via quando ele estava lá. Às vezes, eu fingia que não o ouvia. E ainda nada mudou.

Mas ao invés de falar com ele, eu falei comigo mesmo — só que as palavras dentro da minha cabeça não refletiam o bom Deus que fala comigo quando eu ignoro sua direção. Minha conversa interna soava mais como: "O que há de errado com meu filho? Ele não está fazendo nada diferente. Ele não se importa. Nós continuamos falando e conversando, e ele continua nos ignorando, vivendo como se pudesse fazer o que quiser. Por que eu deveria aturar essa situação? Eu trabalho demais para ter que lidar com isso quando chego em casa todos os dias. Eu não mereço isso. Ele precisa me tratar melhor em minha casa, depois de tudo o que faço por ele".

Você conhece o problema de manter esses diálogos internos em sua mente? Eles não ficam lá. Eles começam a vazar pelas bordas. Você começa a parecer cada vez mais chateado. Você não sorri para a pessoa em quem você está pensando.

Você pára de dizer "eu te amo" quando vê a pessoa, porque em sua mente você está dizendo: "Amo você? Neste momento eu nem sequer gosto de você". É aí que você sabe que está em perigo, porque seria muito fácil dizer em voz alta: "Eu não gosto de você". Você tem ensaiado essas palavras em sua mente por tanto tempo, que elas começam a soar como certas. Elas combinam com o que você sente, e seria tão fácil dizê-las... mas fazer isso seria representar mal a Deus naquele momento. Você estaria comunicando a alguém — feito à imagem de Deus — o seguinte: "Você só é amável quando é fácil gostar de você. Você só vale o meu tempo e a minha energia quando é agradável ter você por perto. Se você não consegue ser bom para mim, então você pode esquecer de ter qualquer tipo de relacionamento comigo".

Felizmente, Deus não é desse jeito. Ele não diz coisas assim, porque não pensa coisas assim — nem mesmo quando estou prestes a representá-lo mal para o meu filho.

Então eu confessei a Deus: "Senhor, não estou representando-o bem neste momento. Cansei de tentar fazer a coisa certa, e agora só estou piorando tudo. Por favor, perdoe-me e, por favor, restitua-me para ser o tipo de pai que o Senhor sempre quis que eu fosse. Ah, e a propósito, obrigado por interceder por mim mesmo antes que eu percebesse que estava em apuros".

Essa oração não endireitou tudo em minha casa; ela começou a endireitar as coisas em meu coração. Eu senti que comecei a amolecer em relação ao meu filho. Eu queria conversar com ele e tentar mais uma vez. Então nos sentamos juntos, e eu disse: "Tenho certeza de que você notou nas últimas semanas que eu fui menos paciente com você, mais crítico e que me afastei. Sei que há muitas razões para que eu tenha feito isso, mas o ponto principal é que estou errado e quero pedir-lhe que me perdoe". E ele perdoou.

Bem, pode ser que você espere que eu diga que tudo ficou caloroso e fofo com ele depois daquele momento. Não ficou. Nem sequer ficou caloroso e fofo no resto daquele dia. Mas havia uma diferença profunda: eu estava diferente. Eu ainda tinha que abordar algumas coisas nele que eu via, mas o fiz com mais paciência. Eu comecei novamente. Reparei nele, falei com ele, abracei-o e lhe disse: "Eu te amo".

E isso fez a diferença. A vida não tem sido fácil para ele e para mim, mas aquela tarde nos ajudou ao reconstruir um contexto para que tivéssemos as conversas mais difíceis das quais precisávamos — um contexto onde eu pudesse representar Cristo para ele em vez de a serpente. Esse contexto o ajudou a entender que eu não sou seu inimigo

— que não vou excluí-lo da minha vida quando ele não se comportar corretamente.

Esse é o tipo de Cristo que você tem. Ele desce na bagunça da sua vida a fim de restaurá-lo para que você possa entrar na bagunça da vida das pessoas ao seu redor. No entanto, antes que você possa ajudar os outros a lidar com as bagunças deles, você tem que lidar primeiro com as suas próprias. O próximo capítulo explica como.

14
Você leva palavras a Deus

Jesus levou palavras a Deus em seu favor quando você falou de forma errada com os seus filhos. Agora é a sua vez de levar as palavras a Deus.

Vimos na vida de Abraão que há dois problemas quando você usa sua boca de forma errada: você não só peca contra as pessoas pintando uma imagem falsa da realidade, mas, mais importante ainda, você peca contra o Deus que o esculpiu à sua imagem.

Embora você precise lidar com os dois problemas, há uma ordem de como fazê-lo. Primeiro, você precisa restaurar seu relacionamento com Deus para que possa refleti-lo com precisão. Só então, em segundo lugar, você estará pronto para ter seu relacionamento restaurado com a pessoa que, assim como você, também é um portador da imagem de Deus. Felizmente, mesmo que seu filho não queira se reconectar com você, Deus garante que ele mesmo o faz.

Se você parar para pensar, a garantia de Deus é contraintuitiva. Afinal de contas, o problema com ele é infinitamente maior do que o problema com o seu filho. Você pode não ter pensado nisso, mas ao pecar contra Deus você criou um problema de proporções infinitas.

- Quando você representa mal uma pessoa infinita, não há limite para os danos que você causou à reputação dela.
- Considere isso a partir de uma perspectiva diferente: assim como duas linhas não paralelas acabam infinitamente distantes, o menor desvio de um Deus perfeitamente justo, caso não seja corrigido, resultará em um abismo infinito entre vocês dois.
- Ou leve em consideração que a santidade infinita de Deus é guardada por sua ira infinita, a qual exige sua infinita justiça. Será que isso faz com que você comece a ter um senso de quão grande é o problema que você criou?

Quando reflete para as outras pessoas a serpente, e não o Criador, você não está apenas sendo uma pessoa quebrada. Você está infligindo essa quebra aos outros e expandindo-a ao seu mundo, apenas para descobrir que você nunca será grande o suficiente para reparar o dano ou para fazer as coisas certas. Como você pode esperar ser restaurado a Deus?

Você espera, porque Deus o convida a voltar para ele mesmo. Eis como:

> Volte, ó Israel, para o SENHOR, o seu Deus.
> Seus pecados causaram sua queda!
> Preparem o que vão dizer
> e voltem para o SENHOR.
> Peçam-lhe:
> "Perdoa todos os nossos pecados
> e, por misericórdia, recebe-nos,
> para que te ofereçamos o fruto dos nossos lábios.

> A Assíria não nos pode salvar;
> não montaremos cavalos de guerra.
> Nunca mais diremos: 'Nossos deuses
> àquilo que as nossas próprias mãos fizeram',
> porque tu amas o órfão."
> (Os 14.1-3, NVI)

Isso é incrível. Suas palavras têm sido o seu problema, afastando-o de Deus, e agora as palavras de Deus propõem que as palavras que você profere se tornem o veículo para reuni-lo a ele. Jesus nunca deixou de levar palavras ao Pai por você. Como um seguidor de Cristo, você também leva palavras, e essas palavras são muito simples:

- Um simples pedido para que o Pai não o obrigue a pagar pelo que você fez: *"Perdoa todos"*.
- Um reconhecimento sincero de que há algo a ser pago: *"os nossos pecados"*.
- Um desejo de não ser rejeitado por ele: *"e, por misericórdia, recebe-nos"*.
- Um desejo de usar bem as palavras: *"para que te ofereçamos o fruto dos nossos lábios"*.
- Uma consciência de que nada mais pode salvá-lo de si mesmo: *"A Assíria não nos pode salvar [...] [nem nossos] cavalos de guerra [...] [ou mesmo] aquilo que as nossas próprias mãos fizeram"*.
- Um lembrete de que você depende do amor dele apesar de ter trabalhado tanto para obter seu julgamento: *"porque tu amas o órfão"*.

Palavras simples podem restaurar a fenda que você criou, mas apenas porque Deus o convidou a trazê-las: "*Preparem o que vão dizer e voltem para o* SENHOR". Ele não causou o problema, mas ele tem uma solução. Você não é capaz de consertar a fenda que há entre vocês dois, mas ele o fará. E mesmo assim, você ainda tem um papel a desempenhar. Seu papel é dizer-lhe: "Eu quero que isso seja consertado. Eu quebrei o nosso relacionamento, mas não quero que ele continue quebrado".

Seria arrogância presunçosa dizer-lhe isso sem um convite; com um convite, porém, seria loucura não fazê-lo. Eis aqui o coração de Deus: ele ainda quer você. Ele ainda quer uma amizade com você. A pergunta é: você o quer? A forma de saber é se você aceita ou não a oferta dele, se você leva palavras a ele.

Quando você aceita, você se junta a uma longa fila de pessoas que também caíram em si e voltaram para Deus porque tinham esperança de que ele ainda as quisesse. Pessoas que se deram conta, apesar de todos os seus piores erros, de que Deus as acolheria de volta quando elas confessassem o mal que tinham feito. Pessoas que sabiam como dizer: "Nós pecamos" (p. ex., Jz 10.10; 1Sm 7.6; 2Sm 12.13; 24.10; Sl 41.4; 51; Jr 14.7).

Não é por acaso que, em uma das histórias de Jesus, ao retornar ao seu pai longânimo, o filho voluntarioso começa com uma simples confissão: "Pai, pequei contra o céu e diante de ti" (Lc 15.21). Jesus sabia que o coração do Pai convida as pessoas a trazer-lhe palavras de arrependimento.

Esse coração teria feito sentido para qualquer pessoa familiarizada com a história e a arquitetura de Israel. O templo original era um lembrete visual que institucionalizou o convite de Deus. Leia a oração dedicatória do templo feita por Salomão em 1 Reis 8.22-53 e você descobrirá que o perdão de Deus estava sendo oferecido às pessoas que levassem simples palavras de confissão a Deus quando tivessem pecado contra ele (1Rs 8.33-36, 46-51).

O templo era o convite de Deus literalmente colocado em pedra. Ele não podia torná-lo mais permanente até que Jesus viesse substituir as pedras temporárias que abrigavam o altar temporário sobre o qual sacerdotes temporários ofereciam sacrifícios temporários. Somente seu eu infindável e duradouro poderia substituir todas essas coisas. É por isso que agora confessamos nossos pecados a ele, sabendo que, uma vez que ele é fiel e justo, ele nos perdoará de nossos pecados e nos purificará de toda injustiça (1Jo 1.9). Ele nos restituirá a si mesmo.

E você precisa dessa experiência de restauração, não apenas para poder dizer coisas justas aos seus filhos, mas para que você tenha em mente o que realmente espera após terminar de falar com eles. Você espera que, assim como você, eles também queiram falar com o mesmo Deus que o convidou para falar com ele.

15
Pratique arrepender-se por utilizar mal a sua boca

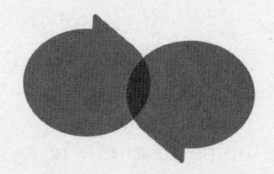

~~Deus altíssimo e exaltado....~~
~~Tu que eras, muito antes do início do tempo...~~
~~Misericordioso e Santo Pai...~~
Papai...

Eu quebrei algo hoje que é realmente importante para mim, e não sei se é possível consertar, mas sei de fato que eu não consigo consertá-lo.

Eu disse algo realmente estúpido. Eu estava cansado. Foi um dia ruim. Eu não estava me sentindo bem, mas nenhuma dessas coisas era o verdadeiro problema. O verdadeiro problema é pior. Meu filho estava se metendo no caminho do que eu queria. Naquele momento, isso não parecia ser tão ruim assim. Eu só queria que ele:

- ouvisse;
- parasse de discutir;
- saísse do meu pé;
- me desse um tempo;
- não fosse tão irritante;

- parasse de exigir tudo dentro da loja;
- se importasse com a mãe/o pai/o irmão/a irmã dele;
- fosse grato pelo que tinha;
- pensasse em mim, para variar;
- fizesse o que eu pedi;
- se animasse;
- apenas me deixasse sentar em silêncio por cinco minutos;
- entrasse na onda do que o resto da família estava fazendo;
- parasse de reclamar;
- tivesse um pouco de consideração por alguém além dele próprio;
- me deixasse assistir à minha série.

Parecia uma coisa tão pequena para se pedir na época. Mas quando ouço o que eu disse, é óbvio que eu queria isso mais do que qualquer outra coisa no mundo. E porque o filho em questão não estava me dando o que eu queria — o que eu pensava que ele me devia —, eu peguei o dom das palavras que o Senhor me deu e o usei como o Inimigo faz. Só que, agora, eu gostaria de não tê-lo feito.

Não posso retirar minhas palavras, mas o Senhor disse que me perdoará porque Jesus pagou por cada palavra mal-falada que eu já disse. É difícil para mim imaginar como isso pode ser possível, mas como nunca usou mal suas palavras comigo ou com qualquer outra pessoa, eu creio no que o Senhor diz.

Por favor, perdoe-me e não conte minhas palavras contra mim, não as jogue em minha cara, nem as use contra mim.

Pratique arrepender-se por utilizar mal a sua boca

Obrigado por me convidar para falar com o Senhor sobre isso — para mim, é surpreendente que o Senhor queira ouvir qualquer coisa que saia da minha boca depois do que eu disse, mas acho que isso significa que ainda estou aprendendo o que significa ser perdoado.

Obrigado, Senhor. Obrigado por me perdoar. Obrigado porque um dia isso não será um problema do qual precisaremos falar. Obrigado pelo dia que está por vir, quando eu nunca mais direi outra coisa que ultrapasse os limites ou da qual eu me arrependa. Sério, Papai, mal posso esperar.

E, por favor, ensina-me a falar da forma como o Senhor fala. Eu quero aprender. Preciso voltar para o meu filho agora, e não tenho certeza do que dizer. Preciso pedir perdão a ele e isso será difícil, mas será ainda mais difícil saber o que dizer a seguir.

Por favor, fale comigo por meio do seu Espírito para que eu saiba como falar com meus filhos. É realmente muito legal como o Senhor me faz ser um pai melhor. Por favor, dê-me pensamentos e ideias para colocar em palavras. E, por favor, mantenha meus ouvidos abertos para ouvir como o Senhor está falando comigo. Eu não quero que o Senhor pare nunca. Gosto de ser seu filho.

Obrigado.

16
Você ouve palavras de Deus

Por mais que seja necessário que você leve palavras a Deus, sua maior necessidade é ouvir as palavras dele pelo fato de ser muito fácil ser tentado a pensar que você prejudicou seu relacionamento com ele além do que possa ser consertado.

É estranho, mas antes de dizer ou fazer algo errado, você raramente considera como isso pode afetar você e Deus. É somente depois de ver o que você fez que as perguntas sobre o seu relacionamento com ele chegam inundando:

- Será que Deus está irado ou chateado comigo?
- Será que ele voltará a ser próximo como costumávamos ser?
- Por quanto tempo será que ele manterá isso contra mim?
- Será que ele vai mencionar isso novamente?
- Quando será que ele se cansará de me aturar?

Felizmente, Deus entende como somos tentados a acreditar que ele não lidará bem com os nossos fracassos, por isso ele fala de diferentes maneiras ao longo da Escritura:

- Ele o lembra de que ainda o aceita e o abraça.
- Ele o convida a confiar nele quando você não foi digno de confiança.
- Ele lhe dá a confiança de que ele ainda o quer quando você tiver sido infiel.
- Ele lhe diz que não se relaciona com você baseado em quão mau você foi, mas baseado em quão bom ele é.

Essas garantias da parte de Deus são cruciais para ajudar você a perceber que a força do seu relacionamento com ele depende muito mais da bondade dele do que da sua. Mas, às vezes, é difícil acreditar nisso, especialmente quando você sente o abismo entre o que você fez e o que você sabe que deveria ter feito.

Quando meu filho Timmy tinha dez anos, ele estava conversando comigo na cozinha e angustiado acerca de sua salvação e se ele estava fazendo todas as coisas certas, como ler sua Bíblia e orar, e se as estava fazendo o suficiente.

Foi um daqueles momentos em que percebi que somente palavras não teriam o poder de alcançar o seu íntimo. Então, sem avisar, eu me abaixei e agarrei suas duas pernas e depois me levantei, segurando-o de cabeça para baixo no ar.

Ele riu e gritou, mas também começou a debater-se, tentando encontrar uma maneira de se agarrar a mim para garantir que não iria cair. Depois de cerca de meio minuto, eu o acalmei e perguntei: "Você está caindo?".

"Não", ele riu.

Eu continuei: "Então, neste momento, o que você acha que é mais verdadeiro: que você não está caindo porque está se agarrando a mim ou porque eu estou segurando você?". Eu adorei que ele realmente teve que parar e pensar nisso antes de me responder. Suspenso de cabeça para baixo, agarrado a absolutamente nada, ele ainda estava condicionado a acreditar que sua vida estava bem principalmente por causa do que ele estava fazendo. Essa é uma grande imagem de como muitas vezes nos relacionamos com o nosso Pai celestial: tendemos a acreditar que somos mais responsáveis do que ele pela maneira como as coisas vão bem entre nós.

Felizmente, levou apenas alguns momentos para que Tim percebesse: "Você está me segurando". Essa era uma nova maneira de pensar sobre a vida, mas ele entendeu a ilustração.

Eu o coloquei no chão — com o lado certo para cima —, debrucei-me e disse: "Isso também é verdadeiro sobre a sua amizade com Jesus. Ele segura você com muito mais força do que você jamais será capaz de se agarrar a ele. Você não precisa se preocupar tanto sobre se está fazendo todas as coisas certas ou não, porque a força do seu relacionamento com Jesus depende essencialmente dele, não de você. É por isso que ele morreu por você. Ele é muito melhor em segurar você do que você será em se agarrar a ele".

Da próxima vez que você se sentir tentado a se preocupar com o fato de ter dado um passo para trás em seu relacionamento com Deus por causa do que disse ou fez a alguém, você precisa ouvir Deus dizer-lhe que ele o segura mais firmemente do que você se agarra a ele.

Como você faz isso? Tente o seguinte: escolha um livro da Bíblia e comece a lê-lo, não para destacar as ordens de Deus ou os fracassos das pessoas, mas para ouvir as garantias relacionais de Deus, as quais você encontrará com frequência em resposta ao fracasso de alguém. Quando ouvir dessa forma, você escutará coisas que lhe darão maior confiança nele. Coisas como:

- "Vinde, pois, e arrazoemos, diz o Senhor; ainda que os vossos pecados sejam como a escarlata, eles se tornarão brancos como a neve; ainda que sejam vermelhos como o carmesim, se tornarão como a lã". (Is 1.18)
- "E, passando o Senhor por diante [de Moisés], clamou: Senhor, Senhor Deus compassivo, clemente e longânimo e grande em misericórdia e fidelidade; que guarda a misericórdia em mil gerações, que perdoa a iniquidade, a transgressão e o pecado". (Êx 34.6-7)
- O Senhor, teu Deus, está no meio de ti, poderoso para salvar-te; ele se deleitará em ti com alegria; renovar-te-á no seu amor, regozijar-se-á em ti com júbilo". (Sf 3.17)
- [Jesus disse] "Todo aquele que o Pai me dá, esse virá a mim; e o que vem a mim, de modo nenhum o lançarei fora". (Jo 6.37)

Esse é o tipo de coisa que você pode esperar que Deus diga e a atitude que ele tem quando você está lutando com suas próprias dificuldades.

Alternativamente, enquanto você estiver lendo a Bíblia, faça uma lista das coisas que as pessoas nas Escrituras lhe dizem sobre a experiência que elas tiveram com Deus ou como elas incitam você a se relacionar com ele. Ambas lhe darão um vislumbre do coração de Deus, que continua a acolher pessoas que nem sempre entendem as coisas da forma correta. Ouça as pessoas que sabem que ainda são estimadas para que você aprenda que você também o é:

> O Senhor é misericordioso e compassivo;
> longânimo e assaz benigno.
> Não repreende perpetuamente,
> nem conserva para sempre a sua ira.
> Não nos trata segundo os nossos pecados,
> nem nos retribui consoante as nossas iniquidades.
> Pois quanto o céu se alteia acima da terra,
> assim é grande a sua misericórdia para com os que o temem.
> Quanto dista o Oriente do Ocidente,
> assim afasta de nós as nossas transgressões. (Sl 103.8-12)

> Se confessarmos os nossos pecados, ele é fiel e justo para nos perdoar os pecados e nos purificar de toda injustiça. (1Jo 1.9)

> Sacrifícios agradáveis a Deus são o espírito quebrantado; coração compungido e contrito, não o desprezarás, ó Deus. (Sl 51.17)

> Chegai-vos a Deus, e ele se chegará a vós outros. (Tg 4.8)

> Se somos infiéis, ele permanece fiel,
> pois de maneira nenhuma pode negar-se a si mesmo.
> (2Tm 2.13)

Enquanto você medita nessas palavras de Deus para você, não há como não crescer na confiança de que ele o segura porque quer você — mesmo naqueles momentos em que você não iria querer a si próprio. As palavras de Deus lhe darão coragem para envolver-se novamente nos relacionamentos com seus filhos, mesmo naqueles que você tenha danificado. E você voltará a envolver seus filhos com a esperança de que agora você tem o necessário para falar bem com eles: uma experiência contínua de ter uma pessoa que se mantém falando com você da forma correta.

17
Você leva palavras aos seus filhos

Tendo levado palavras a Deus e tendo ouvido palavras dele, você agora leva esse mesmo tipo de palavras aos seus filhos. Essa é a dinâmica que Paulo descreve em sua carta aos Efésios. Ele os lembra de como é surpreendente que eles tenham sido trazidos para a família de Deus (caps. 1-2), mas então aponta o quanto agora eles precisam aprender que fazem parte dela (caps. 4-6). Quer adivinhar como acontece esse crescimento? Você está certo. A maior parte vem por meio das conversas que eles têm com outros membros da família (p. ex., Ef 4.15, 21, 25, 29; 5.19; 6.4, 21-22).

Observe, na seção seguinte, de Efésios 4, que existem apenas dois futuros potenciais para a família de Deus: podemos nos tornar maduros ou podemos permanecer infantis.

> E ele mesmo concedeu uns para apóstolos, outros para profetas, outros para evangelistas e outros para pastores e mestres, com vistas ao aperfeiçoamento dos santos para o desempenho do seu serviço, para a edificação do corpo de Cristo, até que todos cheguemos à unidade da fé e do pleno conhecimento do Filho de Deus, à perfeita

varonilidade, à medida da estatura da plenitude de Cristo, para que não mais sejamos como meninos, agitados de um lado para outro e levados ao redor por todo vento de doutrina, pela artimanha dos homens, pela astúcia com que induzem ao erro. Mas, seguindo a verdade em amor, cresçamos em tudo naquele que é a cabeça, Cristo, de quem todo o corpo, bem-ajustado e consolidado pelo auxílio de toda junta, segundo a justa cooperação de cada parte, efetua o seu próprio aumento para a edificação de si mesmo em amor. (Ef 4.11-16)

A família de Deus pode se debater sem rumo, como uma onda no mar sujeita a toda e qualquer brisa que passe, ou a família dele pode crescer. Infantil ou maduro: essas são nossas opções. E um elemento-chave para determinar esse resultado é o modo como falamos uns com os outros. Uma vez que nossas famílias menores têm como modelo a família maior de Deus, a maneira como a nossa crescerá é a mesma que a dele.

A pergunta então é: você quer uma família que seja madura? Se sim, você precisa falar com as pessoas da sua família da forma como o povo de Deus é instado a falar uns com os outros. Você precisa dizer coisas que edificarão relacionamentos em vez de destruí-los. Coisas como: "Não saia da vossa boca nenhuma palavra torpe, e sim unicamente a que for boa para edificação, conforme a necessidade, e, assim, transmita graça aos que ouvem" (Ef 4.29).

Pegue essa sentença, frase por frase, e você verá a beleza contida nela.

- Tudo o que eu digo precisa ser *bom para a edificação dos outros*. Cada piada que eu conto, cada notícia que eu transmito, as coisas que eu compartilho do meu dia, meus comentários sobre o corte de cabelo de alguém, a maneira como eu treino as pessoas, o tipo de ajuda que eu dou com os deveres de casa, a minha apreciação pelo jantar, as minhas expressões de gratidão pela forma como os outros colaboram em casa — tudo o que eu digo precisa ser trabalhado para edificar as pessoas ao meu redor.
- Tudo o que eu digo precisa ser *conforme a necessidade*, ou seja, deve estar de acordo com *o que os outros precisam*. Isso não significa que eu digo o que as pessoas querem ouvir, mas que as minhas palavras são guiadas pelo que os outros precisam ouvir. Antes de abrir minha boca, tenho que considerar o que é necessário que a pessoa ouça naquele determinado momento.
- Tudo o que eu digo precisa ter uma chance de *transmitir graça àqueles que ouvem*. Minhas palavras devem sempre transmitir graça às pessoas ao meu redor, para deixá-las em melhores circunstâncias do que antes de eu ter dito qualquer coisa. É assim que Deus fala conosco, filhos dele; agora, devemos falar às pessoas com essa mesma intenção.

Em outras palavras, "palavras torpes" não tem nada a ver com palavrões ou com contar uma piada ofensiva. O termo *torpe*, nesse contexto, significa dizer qualquer coisa que possa ferir outra pessoa ou dizer algo que não vá ajudar.

Isso já é algo muito difícil de fazer quando estou no meu melhor, mas o que acontece quando você é pego desprevenido pela vida? E quando eu preciso dizer algo e não estou no meu melhor momento ou a outra pessoa não está no melhor momento dela? É quando a coisa começa a parecer impossível, não é mesmo?

Observe que Paulo não diz: "Não diga nada" — isso talvez você consiga fazer. Em vez disso, ele essencialmente diz: "Você não pode ignorar a guerra que seus filhos insistem em travar em sua casa durante toda a semana. Você tem que falar. Mas você só pode dizer o que lhes dará graça".

Como isso é possível? E se você tiver crescido em um ambiente no qual raramente se falava com honestidade, mas se falava amorosamente com o objetivo de deixar os outros em melhor situação? E se você não conseguir lembrar-se de ter recebido nenhuma experiência cheia de graça que você possa transmitir para outra pessoa?

Eu estava ensinando nesse versículo uma vez quando alguém me parou e perguntou: "Você realmente acredita nisso?". Fiquei um pouco surpreso. "Você realmente acredita que as únicas palavras que devem sair da nossa boca são para beneficiar os outros propositadamente?"

Se você parar para pensar, consegue entender o motivo de alguém fazer essa pergunta. Esse parece um bom ideal, mas que é completamente irreal. Parece uma daquelas coisas simplistas que você encontraria em um livro de autoajuda: "Como ter bons relacionamentos com seus filhos: Passo 1: Nunca diga nada que não os ajude". E você revira os olhos enquanto pensa: "Sim, está bem. Já vou logo tratar de fazer isso".

Parece um conselho vindo do mesmo campo do "Diga não às drogas". Basta dizer não. E sua mente revira os olhos. "Oh, certo! O que estávamos pensando durante todos esses anos? Quem diria que era tão fácil assim? Basta dizer não, e todos os nossos problemas de juventude desaparecerão, nossas cidades do interior serão limpas e nossos subúrbios estarão livres das drogas!"

É um conselho que talvez você concorde ser bom se você não tivesse pessoalmente a noção do quão difícil é dizer não: é só dizer não a uma segunda porção de jantar quando você não precisa mais comer, mas você realmente gostou da comida; é só dizer não à sobremesa depois do jantar; é só dizer não ao lindo suéter que você simplesmente precisa ter. A frase "dizer unicamente o que for útil para a edificação do outros" não dá a sensação de estar na mesma categoria dos exemplos citados?

Aí está a diferença. Ela vem de Deus. Se alguém dissesse isso, você poderia ignorar com segurança, mas aqui é Deus lhe dizendo: "[Diga] unicamente a que for boa para edificação [dos outros]". Em outras palavras, ele acredita que as suas conversas são cruciais para que as pessoas experimentem graça em suas vidas ou cruciais para que experimentem a ausência de graça. Suas palavras ajudarão as pessoas a entenderem como é o aspecto da graça e como ela é sentida — a maneira como o próprio Deus falaria com elas se ele estivesse aqui — ou as ajudarão a entender a desesperança e mesquinhez do inferno.

Agora, antes que você se sinta esmagado, precisa perceber que Paulo está fazendo uma suposição no versículo 29. Ele supõe que, para que você possa falar graça aos outros, você mesmo já ouviu graça. Ele supõe que você já experimentou a graça e que já a recebeu. Que você já vivenciou alguém elaborando cada palavra que iria lhe dizer com o intuito de o edificar.

Lembre-se, nossas palavras sempre refletem o que nós mesmos já ouvimos. É somente quando você vive em um relacionamento gracioso com Deus que você tem uma noção de como a graça soa e, portanto, tem uma noção do que dizer aos outros. Isso significa que você precisa de mais do que apenas ideias sobre a vida e o cristianismo.

Obviamente, o conhecimento e a verdade são essenciais para os cristãos — foi por isso que Paulo passou os dois primeiros capítulos de sua carta concentrando-se na teologia: quem é esse Deus gracioso, o que ele fez e como isso afeta você. Mas você precisa de mais. Você precisa de uma experiência atual desse Deus que o ama ativamente, e nenhuma quantidade de doutrina teológica lhe dará isso.

E Paulo sabe disso. Portanto, antes de se concentrar em como você precisa falar sendo parte da família de Deus nos capítulos 4-5, ele faz uma pausa no capítulo 3 e ora para que você tenha uma nova experiência com Jesus vivendo em seu coração, a fim de que saiba o quanto ele o ama e creia no quanto ele o ama.

> Por esta causa, me ponho de joelhos diante do Pai, de quem toma o nome toda família, tanto no céu como sobre a terra, para que, segundo a riqueza da sua glória, vos conceda que sejais fortalecidos com poder, mediante o seu Espírito no homem interior; e, assim, habite Cristo no vosso coração, pela fé, estando vós arraigados e alicerçados

> em amor, a fim de poderdes compreender, com todos os santos, qual é a largura, e o comprimento, e a altura, e a profundidade e conhecer o amor de Cristo, que excede todo entendimento, para que sejais tomados de toda a plenitude de Deus. (Ef 3.14-19)

Tenha em mente que Paulo está orando pelos cristãos, pelas pessoas que receberam a Cristo e que fazem parte da sua família. Mas sua oração é que, embora já seja amigo de Jesus, você experimente sua amizade de novas maneiras. Ele ora para que você possa experimentar novamente Cristo vivendo em seu coração por meio da fé. Para que você tenha um sentido renovado desse Deus vivo em você, amando-o ativamente, e sendo gracioso com você. Para que você saiba o quanto o amor de Deus é grande para com você.

Observe que Paulo não ora para que você ame mais a Deus. Ele ora para que você compreenda o amor dele por você — um amor que vai além da sua capacidade de compreensão. Deus deseja que você continue todos os dias a receber o quanto ele o ama. E ele anseia que você conheça esse amor antes mesmo de ele ordenar que você viva graciosamente com os outros.

Você vê como Paulo nunca se esquece do evangelho? A ponte entre entrar na família de Deus e aprender a viver nela é uma experiência rotineira do amor de Deus. Como já vimos, a maneira pela qual crescemos na família de Deus é a mesma pela qual nossas famílias menores também crescem. Assim, à medida que você experimentar o amor dele, e à medida que ele viver em você, suas conversas soarão mais como as dele. As palavras que você escolhe, as formas de juntá-las e os propósitos pelos quais você as fala são todos influenciados pelo relacionamento presente e contínuo que você desfruta com Deus.

Essas conversas renovadas são vitais para a saúde da família de Deus e para a sua própria saúde. Já que o objetivo de nossas conversas é transmitir graça àqueles que ouvem, o próximo capítulo nos ajuda a perceber que o encorajamento e a honestidade são duas habilidades importantes, baseadas na graça, as quais você precisa desenvolver para ajudar a atingir esse objetivo.

18
Falando verdade e amor

A verdade não amorosa

Os gracejos mordazes são deliciosos. Há várias respostas rápidas de Winston Churchill que, apesar de serem apócrifas, nunca deixam de provocar uma gargalhada porque viram o jogo de forma muito rápida e decisiva sobre a pessoa que iniciou o ataque.

Por exemplo, um de seus guarda-costas relatou (embora alguns duvidem que isso realmente aconteceu) que Bessie Braddock, então membro do Parlamento, certa vez estava horrorizada com a condição de Churchill e exclamou: "Winston, você está bêbado, e tem mais, você está repugnantemente bêbado".

Ao que Churchill respondeu: "Bessie, minha cara, você é feia, e tem mais, você é repugnantemente feia. Mas amanhã eu estarei sóbrio e você continuará repugnantemente feia"[1].

Ora, assumindo que o relato é verdadeiro, essas não são pessoas que não sabem o que dizer em momentos embaraçosos. Elas não precisam ter aulas ou fazer aconselhamento

---

1 Richard Langworth, ed., *Churchill by Himself: The Definitive Collection of Quotations* (New York: PublicAffairs, 2008), p. 550, referenciado por quoteinvestigator.com/2011/08/17/sober-tomorrow/. Acesso em: 04 jul. 2022.

para aprenderem a se comunicar melhor. Elas estão realmente fazendo um trabalho fantástico, tornando bem claros seus pontos de vista. Elas sabem exatamente o que querem dizer e são extremamente claras ao dizê-lo. Nesse sentido, essas pessoas são bons comunicadores.

Mas elas não comunicam a bondade. Suas palavras não desenvolvem uma relação que valha a pena ter naquele momento, nem uma relação que possam prever desfrutar no futuro. As palavras são diretas, possivelmente até precisas, mas não são proferidas num quadro de cuidado e preocupação com o outro. Nesse sentido, elas estão falando uma versão da verdade, mas é a verdade sem amor. Embora você e eu possamos não ser tão ousados ou espirituosos, todos nós já experimentamos isso e participamos desse tipo de verdade sendo dita e que tem pouca consideração pela outra pessoa.

Mas Deus não fala assim. Quando ele fala sinceramente ao seu povo, é sempre com o propósito de aproximá-lo de si mesmo. Sua intenção é que suas observações verdadeiras e suas conversas diretas aprofundem ou restaurem os relacionamentos consigo mesmo. Essa é uma outra forma de dizer que a franqueza de Deus é do interesse do outro. É para o bem da pessoa que está escutando.

Você já teve muitas experiências em que o oposto é verdadeiro. Alguém já lhe disse algo do tipo: "Bem, isso foi uma coisa estúpida de se dizer"? Sabe de uma coisa? Pode muito bem ter sido algo estúpido, mas a maneira como a outra pessoa lhe comunicou essa verdade não o ajudou. E esse é o meu ponto. Aquela pessoa não estava tentando ajudar e, portanto, a "veracidade" deixou você sentindo-se tolo, envergonhado, humilhado, ressentido ou irado.

Quando as pessoas falam uma verdade que não tem por objetivo ajudá-lo, é porque elas têm uma agenda diferente da agenda de Deus. Elas querem sentir-se inteligentes, ou superiores, ou menos frustradas, ou no controle. E assim elas falam de maneiras que imitam a verdade, mas que ficam aquém da verdade real, porque não estão falando para o seu bem. As pessoas podem até lhe dizer que estão sendo "autênticas" ou "genuínas", mas se não há preocupação alguma com você, então elas estão autentica e genuinamente consumidas consigo mesmas.

Então, como podemos descrever as palavras que chamam a atenção para as falhas ou fraquezas de alguém de uma forma que machuca ou constrange? Geralmente pensamos nelas como sarcasmo ou crítica. Em resumo, é a verdade que derruba, o que não é realmente verdade.

O amor não verdadeiro

Por outro lado, às vezes você pode estar tão preocupado com os sentimentos da outra pessoa que não diz as coisas difíceis que ele ou ela precisa ouvir.

Em *Babe, o porquinho atrapalhado*, um premiado filme de 1995, um jovem porco é levado a uma fazenda onde desenvolve amizades com outros animais. Porém, nenhum de seus novos amigos lhe diz o que todos eles sabem: que na mente da família da fazenda, os porcos são para comer.

Em vez disso, eles sentem pena do porquinho enquanto falam dele pelas costas. Finalmente, Babe descobre a verdade, mas a realidade o atinge com tanta força em um momento ruim que quase destrói a única oportunidade que ele tem de salvar sua vida. O fato de os outros animais terem escondido a verdade de Babe pintou um quadro falso da realidade na mente do porquinho, de modo que quase o impediu de agir pensando no que era melhor para si.

Essa é (obviamente) uma história fictícia, e pouquíssimo dano é feito. Infelizmente, eu conheço histórias que não são fictícias. Como a jovem que conheceu um rapaz de quem ela realmente gostava. Eles começaram a namorar sério e ela estava entusiasmada. Eles tinham muito em comum. Ele era gentil. Estava disposto a conversar. Era maduro. Eles tinham bons momentos juntos. E ela foi fisgada.

No entanto, ele também tinha um histórico de relacionamentos fracassados. Apesar de suas melhores intenções, ele fazia coisas que constantemente corroíam a fundação da amizade dele com as mulheres. Ele começava bem e terminava mal. O problema era que ela não sabia disso sobre ele, e ele não lhe avisou.

Nem as outras pessoas ao seu redor que estavam bem cientes do padrão dele avisaram a ela. A jovem estava tão feliz, que ninguém queria dizer nada. "Por que arruinar a diversão dela? Além disso, quem sabe talvez dessa vez seja diferente". Mas não foi, e ela ficou magoada quando tudo explodiu.

Parecia mais gentil ou pelo menos mais fácil não dizer nada, então seus amigos esconderam dela coisas que ela realmente precisava saber para poder tomar boas decisões sobre sua vida. O amor daquelas pessoas não foi muito profundo. Elas não estavam dispostas a se manifestarem e dizer a ela coisas duras, porém importantes. Fazer isso não seria fácil, mas teria sido um ato de verdadeiro amor e compaixão.

O amor sem a verdade não é realmente amor. E eis aqui a ironia: por mais diferente que essa atitude pareça ser da verdade sem amor, ela está relacionada a ele, pois ela também vem de um coração que não é motivado pelo desejo de querer o melhor para a outra pessoa.

Se eu não estiver disposto a falar honestamente com você quando você precisar — se você estiver com problemas e eu não me esforçar para ajudá-lo a enxergar o problema —, então eu realmente não me importo com você. Eu me importo mais com outra coisa. Não é simplesmente que eu não quero machucá-lo ou não quero criar repercussões, mas quero essas coisas mais do que quero ajudar.

Eu as quero mais do que quero vê-lo edificado e fortalecido. Eu as quero mais do que quero vê-lo protegido. Eu as quero mais do que quero ver você se tornar a pessoa por quem o Senhor deu sua vida para produzir. Quando essas coisas me controlam, então não estou operando a partir de um amor verdadeiro.

Então que nome damos à essa comunicação que ocorre quando alguém sabe o que é verdade, mas não a diz por medo? Às vezes, trata-se de hipocrisia; às vezes, de falta de coragem para falar diretamente, ou de sentimentalismo fraco. E, às vezes, trata-se até de algo disfarçado de tolerância. A despeito disso, é uma falsificação do amor que impede a outra pessoa de ser forte; portanto, não é realmente amor.

Você precisa de ambos para ter um dos dois

Quando você vê que a verdade sem amor derruba as pessoas e que o amor sem a verdade as mantém fracas, percebe que não pode realmente ter verdade ou amor a menos que tenha as duas coisas ao mesmo tempo. É por isso que Paulo insiste em combiná-las em Efésios 4.15: "Mas, seguindo a verdade em amor, cresçamos em tudo naquele que é a cabeça, Cristo".

Como filhos na família de Deus, crescemos e amadurecemos por meio da simples atividade de conversar uns com os outros, mas somente quando nossas conversas combinam verdade e amor. E essa é uma combinação que é realmente difícil de ser alcançada.

Se você se parece um pouco comigo e com meus amigos, é muito mais fácil cair para um lado ou para outro do que incorporar os dois. Isso significa que todos nós temos algo no qual trabalhar, independentemente de há quanto tempo conhecemos o Senhor ou da boa qualidade dos nossos relacionamentos. Alguns de nós precisarão trabalhar para ser mais verdadeiros, enquanto outros precisarão desenvolver maior compaixão ao falar.

Se você se vê tipicamente usando a verdade para derrubar e quer ver suas conversas com seus filhos amadurecerem, então precisará praticar falar a verdade que edifica. Uma maneira de pensar nisso é que você quer crescer em sua habilidade de *encorajar* os outros — falar a verdade que está infundida de amor. Você quer se tornar melhor em ver o bem que é verdadeiro sobre a outra pessoa e em destacar isso a fim de encorajá-la a continuar.

Por outro lado, se você se vê mais tipicamente como alguém que reprime suas palavras de uma maneira que mantém os outros fracos, então você precisará praticar o amor que se expressa em palavras. Você quer crescer na habilidade de falar *honestamente* com os outros para o bem deles — falar o amor rico em verdade. Você quer aprender a chamar a atenção das pessoas para as coisas nelas e na vida delas que possam realmente magoá-las se não forem abordadas.

Na próxima seção, vamos começar pensando sobre o que significa ser um encorajador.

Parte 3

A HABILIDADE DO ENCORAJAMENTO

Falar a verdade que edifica os outros.

19
Quando você deve encorajar?

Certa vez, eu aconselhei um homem que precisava descobrir como falar com sua esposa. Ela encontrara o diário da filha deles mais cedo naquele dia e o lera. Como os adolescentes costumam fazer, a filha não tivera cuidado com a maneira como falava de sua mãe, ou de outras coisas que estava fazendo, ou nas quais estava pensando e que eram perturbadoras.

No passado, algo desse tipo teria feito a mãe explodir e descontar sua dor na filha com um surto escaldante: "Você não nos ama. Nós trabalhamos e trabalhamos para cuidar de você e esse é o tipo de agradecimento que recebemos? Você deveria simplesmente ir embora".

Dessa vez, porém, a mãe não atacou. Ela segurou sua língua. Mais do que isso, ela continuou comprometida com as necessidades da família, ajudando com os deveres de casa e fazendo o jantar para todos enquanto esperava seu marido voltar para casa, a fim de que ela pudesse ouvir o que ele pensava sobre o que fazer com o que ela havia encontrado. Isso foi um verdadeiro crescimento da parte dela, e mesmo assim, seu marido ainda estava preocupado com o que sua esposa fizera. Eles discordavam sobre se havia ou não problema em ler o diário de um filho. Obviamente, sua esposa não tinha nenhum problema com isso, mas ele tinha.

Anteriormente, eles haviam dito aos seus filhos que uma boa maneira de trabalhar com seus sentimentos é escrevendo-os. Dessa forma, as crianças podiam saber o que estavam sentindo e começar a descobrir como lidar com aquilo. O marido acreditava que se mamãe e papai pegassem o que as crianças escreveram e jogassem na cara delas, então estariam punindo seus filhos por fazerem o que eles próprios lhes haviam dito para fazer.

Você vê como a vida normalmente é confusa? Tenho certeza de que isso acontece em sua casa todos os dias. Acontece na minha. Você regularmente se depara com situações em que vê uma mistura do bom e do ruim. O marido está verdadeiramente grato pela forma como sua esposa vem crescendo. Ela lutou contra o seu padrão de voltar-se contra os filhos, o que teria gerado outra crise relacional entre eles e ela. Isso teria sido tão fácil para ela, dado o quanto ela ficou ferida pelo que leu. Mas ela controlou sua reação a fim de servir sua família e pedir ajuda antes de tentar lidar com a situação.

E, no entanto... se, em primeiro lugar, ela nunca tivesse lido o diário, então isso não teria sido um problema. Especialmente porque o que ela leu tinha sido escrito há cerca de quatro a cinco meses e não refletia o modo como sua relação com a filha havia melhorado de forma constante durante os meses que se seguiram. É confuso para o marido decidir no que ele deve prestar atenção e o que ele deve dizer.

Por isso, perguntei-lhe se poderíamos retroceder por um momento para ter uma visão mais ampla do que estava acontecendo. Eu disse: "Parece-me que muitas situações são como essa. Elas vêm com elementos que são realmente bons, e vêm com coisas que achamos que estão erradas. A vida lhe dá esses nós emaranhados e você tem que dizer algo que vai chamar a atenção para alguns dos elementos e não para outros. Então, como você descobre em quais elementos concentrar-se?

"Jesus confronta e repreende muitas vezes na Escritura. Ele aponta as partes deformadas, chama-as de malignas e orienta a pessoa a desistir delas. Você consegue pensar nos tipos de pessoas com quem ele normalmente faz isso?"

Enquanto o marido e eu ponderávamos essa questão, percebemos que Jesus tipicamente reserva suas repreensões mais duras para os fariseus, para os hipócritas que se obstinam em ver a si mesmos como justos, para as pessoas que se recusam a enxergar.

Por outro lado, o apóstolo Paulo abre sua primeira carta aos cristãos que vivem em Corinto, elogiando-os generosamente. Ele os chama de santos (1Co 1.2). Ele dá graças por eles por causa da graça de Deus que lhes foi dada (1.4). Ele fala de como eles foram enriquecidos em seu discurso e conhecimento de tal forma que não lhes falta nenhum dom espiritual (1.7). Se ele terminasse seu livro lá, você seria tentado a pensar que aquelas eram pessoas maravilhosas que você adoraria convidar para jantar.

Mas depois de ler o resto do livro, você descobre que eles são um caos. Há divisões e rivalidades entre eles que fragmentaram a igreja em várias facções diferentes (1Co 3-4). Eles têm tolerado um tipo de imoralidade sexual que os não cristãos não tolerariam (cap. 5). Eles entram com ações judiciais uns contra os outros (cap. 6) e não sabem como pensar sobre a comida sacrificada aos ídolos (cap. 8). Eles não parecem pessoas a quem a graça foi dada e que são ricas em conhecimento. Eles não parecem pessoas a quem se deve dizer coisas tão encorajadoras, mas Paulo disse.

Então, retroceda e pergunte: "Qual é a diferença entre os fariseus e os coríntios?". Aqui está o que eu vejo: um grupo se recusou arrogantemente a ouvir os conselhos piedosos, enquanto o outro — apesar de todos os seus pecados e erros — demonstrou uma suavidade em seus espíritos. Em sua segunda carta a eles, Paulo elogia os crentes coríntios por terem respondido à sua carta anterior com humilde contrição e arrependimento (2Co 7.8-13). Eles não eram um grupo endurecido de pessoas, e por isso Paulo não teve nenhum problema em começar encorajando-os.

Perguntei então ao marido que eu estava aconselhando: "O que você vê no fato de sua esposa ter falado com você sobre os diários? Dureza ou suavidade?".

E ele disse: "Honestamente, eu vejo suavidade. Ela respondeu com domínio próprio e continuou a amar nossa filha".

Nesse caso, eu quero começar com encorajamento. Pode ser que haja coisas a corrigir — Paulo certamente fez isso com os coríntios mais tarde —, mas ele começou apontando os pontos positivos. Se em cada cristão há uma combinação da natureza pecaminosa contra a qual lutamos e o Espírito Santo ativo em ação nos santificando, então espero ver evidências de ambos. E provavelmente verei ambos na mesma situação. Isso significa que posso ser tão eficaz ao encorajar o crescimento em santidade e piedade quanto em confrontar e repreender o pecado.

Na verdade, talvez você possa ser ainda mais eficaz. Os cristãos estão em processo de aperfeiçoamento, até que um dia, somente a bondade permanecerá. Você está destinado à santidade sem fim, à santidade eterna. O pecado, no entanto, tem uma vida útil. O povo de Deus só lutará com ele internamente durante esta vida, e então ele desaparecerá. Por isso, quando você envolve os filhos de Deus, onde você quer investir seu tempo e energia relacional? Em lidar com algo que não vai sobreviver nos próximos cem anos ou em algo que estará robustamente vivo, e bem vivo, daqui a alguns trilhões de anos? Eu quero ser melhor em instigar as pessoas a crescerem no que Deus planejou para elas.

Agora, isso obviamente só é verdade quando a outra pessoa quer viver corretamente. Encorajar um fariseu simplesmente reforça seu próprio senso de superioridade, e trabalhar com alguém que não tem interesse em santidade exige uma abordagem diferente. Mas se você está falando com alguém que tem pelo menos um pouco de interesse na santidade e que demonstra alguma vontade de ouvir, então pratique tornar-se um especialista em usar palavras que encorajam. Elas são o antídoto para a crítica e o sarcasmo.

Encorajar é semelhante a ser treinador de crianças de seis anos de idade

Meu filho do meio adorava jogar beisebol, e eu fui convocado para ajudar a treinar o time dele. O único problema era que eu não sabia quase nada sobre beisebol.

Quando eu tinha cerca de doze anos de idade, decidi que queria jogar beisebol da Little League Baseball. Isso significava que eu estava seis ou sete anos atrasado em relação a todos os outros. Fui colocado em uma liga que era apenas para crianças de doze anos, mas que era composta por crianças que já jogavam em outros times e que o faziam há anos. Como eu não fazia parte de um time regular, nunca tive nenhum tipo de prática, mas aparecia para os jogos especiais da Liga.

Nunca esquecerei minha primeira vez de rebater. De pé na base, esqueci tudo o que eu deveria saber. Esqueci que eu deveria procurar sinais de taco do treinador — não que eu soubesse o que eles significavam se os tivesse procurado. Esqueci de sair do caminho do receptor para que ele pudesse jogar a bola de volta para o arremessador — obrigando-o a me empurrar suavemente com sua luva... todas as vezes. Suspeito que para todos nas arquibancadas parecia que eu tinha esquecido de balançar... todas as vezes.

Isso é o que se destaca para mim em minha experiência de infância jogando beisebol. Isso e correr com dificuldade para pegar um pop-up apenas para vê-lo cair meio metro à minha frente porque eu parei no último momento, sem saber se a bola era minha ou do interbases... que tinha recuado para me deixar pegá-la.

Assim, quase trinta anos depois, aqui estava eu, "treinando" beisebol, e eles me disseram: "Vá treinar a primeira base". Eu pensei para mim mesmo: "Muito bem, esse é um bom começo. Eu sei onde é a primeira base".

Então eu saí, muito consciente em minha camisa oficial da equipe — que me deixava com a sensação de estar cometendo algum tipo de fraude toda vez que eu a vestia —, apenas para descobrir que "treinar" crianças de seis anos significava que eu era essencialmente um líder de torcida:

Quando você deve encorajar?

- Eu sorri para eles enquanto se aproximavam nervosamente do prato.
- Aplaudi para que soubessem que eu estava ali para apoiá-los quando começassem a ficar ansiosos, e gritei: "Vamos lá! Vamos lá! Você consegue!".
- Disse a eles para se acalmarem enquanto eu fazia um movimento tranquilizador com as mãos abertas, palmas das mãos voltadas para o chão.
- Eu os adverti que eles deveriam escolher o arremesso quando balançavam o taco loucamente.
- E quando batiam na bola, eu gritei como louco: "Corra, corra, corra! Vamos lá, até o fim! Bom trabalho!".
- Depois, fizemos o ritual comemorativo dando toques de mãos enquanto eles estavam orgulhosamente em cima da base.

E então algo surpreendente aconteceu. Eles começaram a conversar comigo. Eles me contaram sobre sua experiência de rebater — como era, o que eles estavam pensando, como eles rebatiam bem a bola ou como estavam com medo de rebater para fora.

E então as conversas mudaram:

- Eles apontaram um amigo da escola que jogava na outra equipe.
- Eles me disseram o que estavam fazendo mais cedo naquele dia ou para onde iriam mais tarde.
- Eles me disseram que não poderiam comparecer ao próximo jogo — porque viajariam de férias e estavam realmente animados com isso.

- Eles me contaram (e me mostraram) dos cortes ou arranhões que tinham ou sobre o que aconteceu com eles na escola.

O que aconteceu entre mim e essas crianças? Eu realmente não sabia nada sobre beisebol, mas aqueles meninos sabiam que eu os amava e me importava com eles, por causa da maneira como eu falei com *eles* e os encorajei no que *eles* estavam fazendo. E a partir daquela minha experiência, eles se abriram. Eles retribuíram meu gesto e nós construímos um relacionamento.

Há habilidades que você pode aprender e desenvolver para tornar-se melhor no encorajamento, mas eis o ponto principal: não é muito difícil. O encorajamento não está além de você ou de mim, nem é algo que podemos nos dar ao luxo de pensar que não é tão grande coisa. Ele afeta poderosamente os outros e abre dramaticamente os relacionamentos.

20
O encorajamento leva tempo

Anos atrás, quando eu trabalhava para uma empresa de informática, um dos engenheiros se vangloriava dos seus aparelhos domésticos e da mobília de sua casa. Depois de exaltar como cada um era benéfico, ele concluiu: "Não terei nada em minha casa que não se pague".

Sim, ele era jovem e cheio de si, mas eu ainda me encolhia, perguntando como sua atitude afetaria uma futura esposa ou futuros filhos. Você não pode criar um contexto positivo para os relacionamentos avaliando se alguém está lhe pagando o suficiente — e você está completamente enganado se acha que pode viver a vida sempre procurando recuperar pelo menos o que você gastou e não ter essa atitude respingando em seus relacionamentos.

Foi semelhante à forte sensação que eu tive anos mais tarde quando o adesivo de para-choques em uma van na minha frente declarava de forma grosseira: "Ninguém viaja de graça", juntamente com várias opções de pagamento. A pessoa que criou o adesivo e a que o exibiu claramente não viam qualquer problema em proclamar corajosamente que um relacionamento com eles sempre iria custar à outra pessoa mais do que custou a eles.

Você gostaria de ter um relacionamento com alguém assim? Não? Por que não? Porque as palavras dessas pessoas comunicaram que você não vale o tempo delas, a menos que você traga o suficiente para compensar o que você custou. Deus comunica algo totalmente diferente: "Então, ouvi grande voz vinda do trono, dizendo: Eis o tabernáculo de Deus com os homens. Deus habitará com eles. Eles serão povos de Deus, e Deus mesmo estará com eles" (Ap 21.3).

Está chegando o dia em que o desejo mais profundo de Deus se tornará realidade — o seu povo estará todo junto, vivendo com ele e ele com seu povo, para sempre. Deus não se contenta em obter duas horas com você aqui e ali de alguma forma aleatória. Ele está providenciando para você um futuro que se estende muito além de qualquer horizonte que você possa imaginar. Ele quer você. E veja o seguinte: ele não guarda esse conhecimento para si mesmo. Ele se certifica, com palavras simples, de que você saiba que ele quer passar não apenas um pouco de seu valioso tempo, mas ele todo com você.

Agora, quem você acha que mais se beneficia com esse arranjo: você ou Deus? Obviamente, seria você. Se Deus tivesse que ser pago pelo que coloca no relacionamento, então ele não poderia passar a eternidade com você, porque você não poderia pagá-lo.

Como você está se sentindo agora com respeito ao seu relacionamento com ele? Está começando a se sentir um pouco mais encorajado? Um pouco mais edificado como pessoa? Se sim, é porque Deus lhe fez saber que quer estar com você.

Nosso mundo moderno nos pressiona contra a ideia de valorizar pessoas. Nós tendemos a viver apressadamente, constantemente nos relacionando com os outros, mas de maneira superficial, porque estamos muito ocupados ou muito envolvidos no que queremos de alguém ou no que estamos tentando fazer.

Minha esposa trabalha arduamente para pressionar contra essa superficialidade, deixando-me saber que eu valho seu tempo. Ela me pergunta sobre mim e realmente quer saber a meu respeito. Há alguns anos, numa certa noite após o jantar, ela perguntou como tinha sido meu dia e imediatamente, como se tivessem recebido uma deixa, as crianças entraram, exigindo atenção, cada uma delas querendo uma coisa. Fiquei impressionado com aquela investida, por isso, dispensei Sally com minha melhor resposta: "Tudo bem. Meu dia foi bom".

Mas "bom" não era o suficiente para ela. Quando resolvemos o problema com as crianças, ela me buscou, reiniciando a conversa e perguntando especificamente: "Como foi sua reunião desta manhã?". Ela então deixou o que estava fazendo na cozinha, caminhou até onde eu estava sentado na sala de estar, acomodou-se ao meu lado e me deu toda a sua atenção.

Aquele momento foi uma prova real de que a minha esposa se importava. Ela queria tanto saber sobre mim e se relacionar comigo que não se sentiu dissuadida pelas distrações que me pareciam problemas demais para serem superados. Ela estava determinada a passar tempo comigo. E foi aí que eu de fato me abri, respondendo a alguém que claramente me disse que eu valia o tempo dela. Eu fui encorajado.

Eu vejo a mesma dinâmica com nossos filhos. Às vezes eles precisam que Sally e eu os busquemos proativamente, intencionalmente criando tempo para eles e comunicando por meio desse tempo que eles são especiais e importantes. Voltei para casa depois de pensar em um deles durante o dia e procurei por ele até encontrá-lo. Então, eu disse algo como: "Ei! Você sabe que dia é hoje?".

Geralmente essa pergunta gera um olhar meio de lado e um palpite: "Terça-feira?".

"Não." Então eu reviro meus olhos e sorrio: "Hoje é o dia da Danny, e durante todo o dia estive pensando em passar um tempo com você esta noite. Você acha que conseguiria ter tempo para passar comigo?". Então eu recebo um grande sorriso em resposta e um monte de sugestões sobre o que poderíamos fazer.

Em outros momentos, tive que estar pronto para ser reativo, para largar o que estivesse fazendo a fim de me relacionar com uma pessoa que precisava receber atenção naquele momento. Isso é mais difícil para mim, mas especialmente importante para um de nossos filhos.

Tim pensa muito em sua vida e em suas experiências, mas nem sempre está pronto para compartilhar seus pensamentos. Isso é especialmente verdade quando ele acaba de voltar de um evento esportivo importante, ou de um tempo com amigos, ou de uma semana ou fim de semana fora com o grupo de jovens. Nunca é uma boa ideia pressioná-lo quando ele entra pela porta, mas é melhor esperar, porque ele vai rodear e conversar. Só é melhor estar pronto, porque tudo vai sair em um fluxo ininterrupto de consciência, e depois ele terá terminado e não voltará mais a tocar no assunto.

Portanto, não importa quando Tim começa a falar ou que horas são, eu paro o que estiver fazendo e escuto. Às vezes tenho que me treinar mentalmente: "Largue o seu livro.

Desligue a TV. Não resmungue. Não interrompa. Preste atenção. Isto é importante". E sempre é. Sempre vale a pena, e eu sempre fico feliz quando ele me inclui em seu mundo.

Pode parecer estranho, mas essas interações relativamente pequenas têm grandes efeitos. Depois de sermos apropriadamente proativos ou reativos, temos visto muitas vezes que nossos jovens parecem mais calmos e seguros porque sabem — eles foram lembrados disso — que são importantes.

Um de meus antigos pastores disse certa vez: "Tempo de qualidade é um acidente que advém do tempo de quantidade". Em outras palavras, não se pode gerar uma experiência de tempo de qualidade. Isso requer não apenas a sua participação, mas também a de seu filho, e você não pode forçar isso: "Certo, prepare-se. Vamos ter uma interação significativa a partir de agora". Os relacionamentos não funcionam assim.

Você pode, no entanto, fazer o tempo de quantidade acontecer. Pode afrouxar sua agenda. Ninguém em seu leito de morte olha para trás com tristeza e lamenta não ter passado mais tempo no escritório ou deseja ter passado o aspirador de pó mais algumas vezes. Eles se arrependem de não terem criado tempo para estar com as pessoas ao seu redor.

Você pode arranjar tempo para engajar seus filhos da maneira que eles gostariam. Esses tempos em quantidade criam contextos nos quais interações significativas acontecem com frequência. Se você quiser incentivar seus filhos, pense fora dos horários e eventos pré-planejados e rigidamente estruturados. Então, convide-os. Passe tempo com eles... ou, mais precisamente, deixe-os usar o seu tempo... ou ainda melhor, presenteie-os com o tempo que Deus lhe deu.

21
Substitua palavras negativas em casa e fora de casa

Pense em como é estar perto de uma pessoa crítica. As pessoas críticas não são discriminatórias em relação às oportunidades de criticar, o que significa que elas são igualmente cruéis em público, não apenas em particular, muitas vezes compartilhando com outras pessoas as coisas nas quais você não é bom.

Suportar críticas privadas já é ruim o suficiente, mas ser criticado em público é como ter alguém confessando seus pecados por você, só que você nunca sabe quando, onde, com quem ou com quantos essa pessoa vai confessar.

Eu sei. Não por causa do quanto eu tenha sofrido — embora eu tenha tido muitas dessas experiências também —, mas porque durante anos essa foi uma maneira típica de eu me relacionar. Eu criticava outras pessoas, fazendo-as parecer más aos olhos da pessoa com quem eu estava falando, a fim de que, em comparação, eu ficasse bem perante os outros. Isso se prolongou por décadas.

Infelizmente, eu não percebi que tinha esse padrão até que lentamente comecei a ver quantas vezes eu falava das falhas da minha esposa — não para protegê-la ou para ajudá-la, mas para fazer com que eu parecesse melhor. Você pode imaginar o efeito que isso teve sobre Sally. Não surpreende que ela tenha achado difícil acreditar que meus amigos pensassem bem dela quando eu estava ocupado colocando-a para baixo.

Se a crítica é o ato de divulgar os fracassos e as falhas das pessoas para elas e para os outros, então um elemento importante do encorajamento é aprender a arte de divulgar os pontos fortes das pessoas e suas realizações, tanto para elas mesmas quanto para os outros. Essa arte, como qualquer outra, requer dedicação e trabalho árduo, mas recompensa com crescimento e desenvolvimento reais.

Observe o que os outros fazem bem

Como em toda mudança de caráter, é preciso primeiro se comprometer com um novo modo de vida. É importante que você decida parar de falar de maneira crítica, mas só isso não é o suficiente. Você não pode simplesmente parar de pecar sem se mover simultaneamente em uma direção positiva.

Novamente, pensando em Sally, percebi que, já que meu problema envolvia colocá-la para baixo ao falar com os outros, então parte da mudança significava ajudar os outros a enxergarem como ela é boa. Em outras palavras, eu precisava destacar intencionalmente os pontos fortes dela quando falasse sobre ela; mostrá-la sob uma boa luz.

Isso significava que eu tinha que fazer um trabalho árduo — não porque Sally tornava difícil falar bem dela, mas porque eu mesmo tinha me treinado a não falar. Por isso, eu precisava sentar-me antes de me encontrar com outras pessoas e pensar nas formas como eu me sentiria tentado a destacar as falhas dela — ter uma noção das minhas tentações ajudou-me a ter mais cuidado para não ceder a elas. Depois, eu pensava cuidadosamente em que histórias poderia contar que mostrassem os pontos fortes de Sally, e me concentrava nelas.

Consegue compreender que é preciso muito trabalho e esforço para praticar ser um encorajador em um mundo crítico e negativo? Que isso não simplesmente acontece?

Mas e se você se sentar e nada de positivo lhe vier à mente? E se as únicas coisas em que você consegue pensar forem negativas? E se você tiver caído em um modo em que as pessoas ao seu redor não fazem nada certo? E se você andar por aí com seu radar em alerta máximo, pegando as pessoas em tudo o que elas estão fazendo de errado?

Isso também acontece comigo. Felizmente, ainda há esperança. Quando me encontro nessa armadilha, aprendi a lembrar-me do seguinte: "Isso não pode ser verdade. As pessoas não são unidimensionais — elas são mais do que a soma total de suas falhas. Mesmo aqueles que ainda não conhecem Cristo ainda são feitos à imagem de Deus e ainda não são tão completamente corruptos e maus quanto poderiam ser. Isso significa que eu não posso me permitir acreditar na mentira de que as pessoas só fazem tudo errado. Chegou a hora de apanhá-las fazendo as coisas certas".

E assim começo a vaguear pela casa, procurando intencionalmente por coisas que minha família está fazendo bem e das quais, então, poderei dizer algo a respeito. Às vezes essas coisas são pequenas, como, por exemplo:

- a criança que vem rapidamente para o jantar quando é chamada;
- a pessoa que simplesmente escova os dentes ao invés de fazer um drama sobre isso;
- a criança que, mesmo com apenas seis anos, afasta algo de seu irmãozinho porque isso pode machucá-lo;
- a criança que concorda com o que você tem tentado apontar ao invés de discutir sobre o assunto;
- o jovem que faz suas tarefas diárias — esvaziar a máquina de lavar louça, arrumar sua cama, arrumar sua roupa, limpar a bandeja de lixo do gato, arrumar a mesa — sem que tenhamos que insistir para que ele o faça ou sem que ele tenha que ser lembrado disso.

Nada nessa lista é extraordinário, mas todos esses exemplos são importantes. Quando pessoas o conduzem à distração, à deriva em uma névoa autoabsorvida durante dias e semanas a fio, então qualquer movimento fora de si mesmo é positivo e digno de nota, e deve ser chamado à atenção. Eu fiz questão de agradecer aos outros por fecharem uma porta de armário sem serem solicitados, porque era importante que eu reconhecesse que eles estavam pensando no bem dos outros naquele momento e não apenas em si mesmos.

Não é o tamanho do bem que as pessoas executam que faz com que valha a pena encorajar. É que elas fizeram alguma coisa — qualquer coisa! — que vai contra a auto-obsessão inata que é alimentada ainda mais por vivermos em um mundo absorto em si mesmo.

Um lar que se concentra no que as pessoas estão fazendo bem tem uma atmosfera refrescantemente diferente de um lar que reforça que nada que alguém faz vale a pena ou é bom o suficiente. Seus filhos saberão que você os aprecia e que aprecia os esforços deles. Eles entenderão que seus olhos estão neles para o bem, não para o mal. Que você não os vê principalmente como problemáticos e que nunca poderão fazer nada certo. Que há coisas que eles devem valorizar e pelas quais se esforçar para desenvolver em si mesmos. Procure essas coisas e use palavras para trazê-las à tona.

Diga aos seus filhos o que você gosta neles

Aqui está outra habilidade relativamente fácil de desenvolver: dizer às pessoas o que você gosta nelas. Isso é diferente de uma simples bajulação. A bajulação não é sincera, e todos sabem disso. Seu objetivo é inflar os outros na esperança de que você receba algo em troca. Em vez disso, você quer dizer coisas que fortaleçam seu filho porque essas coisas são verdadeiras e os outros sabem que você acredita nisso.

Algo fácil para se começar é simplesmente falar de coisas que você gosta nos seus filhos. Talvez seja o humor, a personalidade extrovertida, o coração compassivo para com os outros, a clara conexão com o Senhor ou a capacidade de ter conversas sérias. Talvez eles sejam bons em esportes ou em atividades artísticas, ou talvez sejam fascinados por ciência, sejam bondosos com os animais, ou bons em cozinhar, assar, construir ou limpar.

Você é capaz de lembrar-se da última vez que apontou uma característica de seu filho da qual você gosta? Muitas vezes tomamos essas coisas como garantidas depois de termos passado tanto tempo perto dos nossos filhos, mas é realmente importante continuar fazê-los saber.

E se você não conseguir pensar em nada em que eles sejam bons, então que esse momento seja uma chamada de despertamento para você. Uma vez que cada filho é feito à imagem de Deus, cada um deles reflete a ele e sua glória, muitas vezes de maneiras surpreendentes e únicas. Se você tem tido dificuldade em ver de que maneira seu filho faz isso, peça ao Espírito Santo que o ajude a ver o que Deus construiu neles. Então, chame a atenção para isso.

Meu filho Timmy raramente se perde. Ele tem um sexto sentido de direção que o ajuda a orientar-se no mundo para que ele saiba onde está e para onde está indo. Eu não tenho esse dom, e por isso, um dia, ao sair do shopping, perguntei-lhe onde estava o carro. Sally pensou que eu o estava testando, mas eu realmente não tinha ideia.

Então eu lhes contei como anos antes descobri que é possível localizar seu carro após um jogo da Liga Principal de Beisebol, mesmo que você o tenha perdido. Você simplesmente espera uns quarenta e cinco minutos até que seja um dos últimos que restam no estacionamento e depois anda ao redor do estádio até ver o carro parado à distância (essa estratégia não funciona tão bem no shopping center no meio do dia).

Também lhes contei que certa noite eu atravessei o rio Delaware três vezes seguidas, pois de alguma forma, saindo da ponte, entrei numa pista que me mandou de volta para o outro lado do rio na direção oposta à que eu estava.

Contei à minha família essas histórias não com o intuito de me colocar para baixo, mas para edificar Tim. Eu queria que enxergássemos seus dons e o encorajássemos nas formas que Deus lhe dotou — para ajudá-lo a ver que o que é fácil para ele não é comum a todos os seres humanos. Mas há mais. Olhe com atenção suficiente para Tim, e você verá um pouco do que Deus é. Deus nunca se perde. Ele sempre sabe onde está, pois navega sem falhas em seu próprio universo e sabe onde deixou as coisas.

Eu vejo um pouco de Deus quando vejo meu filho, e gosto disso em relação a Tim. Eu o admiro por isso. E isso significa que eu preciso ter certeza de dizer em voz alta o que já estou pensando para que ele saiba o que penso e sinto.

Construa uma cultura familiar que afirma os pontos fortes do outro

Esses momentos de afirmação de como alguém é especial podem ser espontâneos, mas você também pode incorporá-los à sua cultura familiar. Ouvi algo em um programa de ministério anos atrás que me pareceu realizável, então experimentei. Era o aniversário de Sally naquela noite, e na mesa de jantar eu disse que queria que cada pessoa da família pensasse em uma coisa da qual cada um realmente gostasse na mãe e lhe dissesse durante o jantar.

Um filho irrompeu: "Uma coisa? Oh cara, eu não posso falar só uma coisa!", e então ele começou a falar sobre como os abraços e beijos dela são especiais quando ela o aconchega na hora de dormir. Os outros dois se uniram a ele, e embora eu não consiga mais me lembrar do que todos disseram, lembro que cada pessoa tinha algo para compartilhar e que todos os exemplos valiam a pena serem ouvidos. Foi um momento para honrá-la e encorajá-la, deixando-a ouvir as coisas das quais realmente gostamos e as quais valorizamos nela.

E isso não parou com ela. Fizemos a mesma coisa para o aniversário da próxima pessoa e para a próxima e para a próxima, até que se tornasse uma tradição familiar. E é uma tradição pela qual todos assumem a responsabilidade. Eu fiquei surpreso e realmente satisfeito da primeira vez que eu não iniciei a conversa, mas uma das crianças trouxe o assunto antes de mim. Naquele momento, eles estavam assumindo a responsabilidade e praticando um estilo de vida de encorajamento.

Esses são momentos poderosos que deixam você um pouco pasmo. Você fica maravilhado e encantado em ouvir os jovens agradecerem por você ter feito o jantar, ou por trabalhar na casa, ou por conseguir uma bicicleta nova para eles, ou por levá-los aos lugares. São momentos que não acontecem o tempo todo e certamente você não pode viver em função deles, mas esses momentos realmente acontecem quando seus filhos adotam o tom e o ritmo que você estabelece, aprendendo a encorajá-los.

A alternativa é o que um marido experimentou com sua esposa. Sempre que ele tentava encorajá-la, ela não respondia positivamente, mas se tornava irritadiça e agitada. Quando lhe perguntei se ele tinha alguma ideia do porquê de ela ter reagido daquela maneira, ele remontou à experiência de infância dela de viver em uma família que nunca lhe disse nada de encorajador.

Embora "nunca" seja uma palavra forte — e pode até ter sido hiperbólica —, o resultado da criação dessa mulher foi que mesmo quando alguém próximo a ela tentava edificá-la, ela ficava desconfiada, perguntando-se: "O que ele quer agora?".

Isso significa que ela não precisa ser encorajada? Não, significa que ela precisa de uma dieta regular e constante até que sua alma desnutrida aprenda a receber o encorajamento adequadamente. Essa é uma maneira poderosa de seu marido continuar a amá-la.

É o mesmo tipo de amor que seus filhos precisam ouvir de você.

22
Procure o positivo na forma de semente

É preciso encorajar as pessoas pelo que elas são, e é preciso encorajá-las por aquilo que elas estão se tornando. Seus filhos estão em um processo. Eles estão mudando, crescendo e se desenvolvendo, e eles precisam que você os ajude nisso incitando-os em direções positivas.

A imaturidade não cresce da noite para o dia. Os padrões não mudam rapidamente. A mudança real é, na maioria das vezes, uma pequena e gradual variedade. Isso significa que cada passo em uma nova estrada é difícil de ser conquistado e merece ser celebrado, não negligenciado ou tomado como garantido.

Eu estava aconselhando um filho adolescente que trabalhava na construção de um relacionamento mais aberto com seus pais. Ele tinha um histórico de esconder coisas que fazia e das quais sabia que seus pais não gostavam. Um dia sua mãe lhe pediu para levar o lixo para fora, e ele não o fez prontamente. Mas quando finalmente fez o que lhe foi pedido, reconheceu sua atitude desleixada para com sua mãe e para com o que ela queria dele, então voltou até ela e lhe disse que lamentava não ter obedecido rapidamente.

Para esse rapaz, isso não foi apenas diferente; foi difícil. Ele abriu voluntariamente o funcionamento interior de seu coração e de sua mente, apesar de como isso poderia afetar negativamente sua imagem. Eu fiz uma festa por causa disso, pois pensei: "Se ele está me contando isso, é porque sabe o tamanho do marco que isso é para ele". Então me perguntei em voz alta se a mãe dele havia notado.

"Não", disse ele com um meio-sorriso encabulado, "acho que ela não notou".

Esse é um momento para o qual a mãe deveria estar atenta a fim de enxergar esses pequenos sinais de amadurecimento em seu filho. Esses momentos acontecem todos os dias — quando nossos filhos tentam algo que é difícil para eles. Observe esses momentos e os celebre verbalmente, e seu filho verá você como um aliado, alguém que está do lado dele.

Procure pelas coisas nas quais seus filhos estão trabalhando

Isso, porém, significa que eu preciso estar sintonizado com aquilo no qual meus filhos estão trabalhando na vida deles, o que pode ser difícil para mim. Eu acho que presumo com muita frequência que eles não estão trabalhando em nada. Ou fico chateado porque os vejo fazendo um milhão de coisas irritantes que, na minha opinião, eles já deveriam ter corrigido há muito tempo. Essa mentalidade não ajuda, pois serve apenas para sobrecarregar minha natureza crítica.

Algo que traz sobriedade nesses momentos é parar e perceber que provavelmente ainda há, conservadoramente falando, milhões de coisas que Deus precisa resolver em minha vida. Curiosamente, ele parece me fazer concentrar em apenas uma ou duas de cada vez, e depois esperar apenas por algumas semanas, antes de passarmos para a próxima.

Isso significa que em seu ministério de encorajamento é vital prestar muita atenção ao procurar o que Deus está fazendo na vida de seus filhos. Deus nos diz que ele está trabalhando ativamente na vida de todos (Mt 5.45; Lc 6.35; Rm 1.19) e especialmente na vida de seu povo (Fp 1.4-6), mas, às vezes, nós falamos e agimos como se ele não estivesse. Isso é próximo a acusar Deus de mentir. Procure bem. Em que áreas você o vê transformando a consciência de seus filhos? Convencendo-os do pecado? Santificando velhos padrões? Aumentando a fé deles? Amadurecendo-os para aprender a alcançar e ajudar os outros?

Em outras palavras, o processo pelo qual alguém amadurece é tão importante quanto o resultado final, pois o processo leva ao resultado. Portanto, se vou engajar meus filhos como Deus me engaja, eu preciso dirigir toda a minha atenção a uma ou duas coisas em que eles estão trabalhando em um dado momento.

Numa sexta-feira à noite, minha esposa e eu fomos a um jantar. Isso pode ser difícil para mim, pois se eu puder escolher, tenho a tendência de ter hábitos solitários. Eu amo as pessoas, mas, sendo um introvertido extremo, não me sinto energizado por estar com pessoas, o que significa que preciso de tempo longe para recarregar. Gosto de trabalhar sozinho em meu escritório com o celular na caixa postal e um assistente vigiando a porta. E posso ser bastante feliz assim por horas.

Portanto, quando as pessoas nos convidam para sair, às vezes tenho que lutar para ir com uma boa disposição, porque na maioria das vezes prefiro ficar em casa. Então, por que ir? Geralmente é uma mistura de: (1) minha esposa, que não é introvertida, é energizada por estar com as pessoas; (2) nossos amigos são abençoados por estarem conosco; e (3) no fundo, eu sei e concordo com a avaliação de Deus de que não é bom que o homem esteja só (Gn 2.18).

Então fomos à festa, e, no caminho de casa, Sally se inclina no carro e diz: "Você se saiu muito bem. Conversou com as pessoas, não se escondeu e foi divertido. Ninguém lá saberia o quanto isso foi difícil para você".

Isso foi realmente especial. Suas palavras inesperadas invadiram meu mundo. Disseram-me que ela me entende e se preocupa com a forma como eu experimento a vida e que ela está cuidando de mim. Ela vê no que estou trabalhando, percebe que não é fácil e coloca sua consciência e cuidado em palavras para me incitar a seguir em frente. Se eu preciso disso, quanto mais nossos filhos!

Foque o porquê de seus filhos quererem o que querem

Mas e se você não souber o que alguém está tentando fazer de diferente? Uma maneira fácil é simplesmente perguntar. É humilhante, mas muitas vezes tenho que ir até meus filhos quando me sinto frustrado por causa de tudo o que eu acho que eles não estão fazendo e pedir-lhes que me digam o que estão focando, porque eu simplesmente não sei.

Uma palavra de cautela: quando faz isso, você precisa ter cuidado, porque é fácil deixar a frustração dar à sua pergunta um tom de arrogância que a faz parecer mais como uma crítica — "Você está fazendo *alguma coisa?*". Notei, no entanto, que quando pergunto honestamente, a própria pergunta nos aproxima, pois meus filhos percebem que estou mais interessado na vida deles do que em como eles estão me afetando.

Mas e se seus filhos não conseguem captar a pergunta porque são mais reativos do que proativos? E se eles não pensam em termos de objetivos e mudanças porque estão mais assustados e se retraindo do que sendo extrovertidos e iniciadores? Você ainda pode encontrar maneiras de encorajá-los a crescer. Ouça seus medos e fraquezas, depois procure momentos em que eles dão, até mesmo, passos tímidos para enfrentar essas coisas. Mais uma vez, lembre-se, você está procurando encorajá-los no processo de crescimento, e não apenas procurando uma maturidade completamente desenvolvida.

Ou talvez você esteja pensando: "Mas não vejo nada que eles estejam fazendo que eu possa apoiar plenamente. Tudo o que eles fazem ainda tem elementos que precisam ser corrigidos". Isso provavelmente é verdade na minha vida também, e ainda assim, se você olhar abaixo da superfície do que eu realmente faço, muitas vezes você é capaz de discernir um motivo que está, pelo menos, caminhando na direção certa. Tente isso com seus filhos. Tente olhar além do que eles fizeram para olhar o motivo pelo qual eles o fizeram e veja se há, pelo menos, um desejo de fazer o que é bom e correto.

Cassie e eu fomos às compras juntos quando ela tinha cerca de seis anos de idade. Quando voltamos para casa, ela entrou na minha frente, subiu as escadas e depois bateu a porta na minha cara enquanto eu tentava carregar várias sacolas para dentro. Fui tentado a repreendê-la por ser descortês, mas havia pensado mais cedo naquele dia em aprender a falar bem com minha família. Então, tentando não parecer frustrado, decidi perguntar: "Ei, você pode me ajudar a entender porque você fez isso?".

Ela respondeu: "Para que Danny [seu irmãozinho que estava rastejando por toda a casa] não caísse das escadas".

Ok, aqui está um exemplo em que eu teria escolhido agir de forma diferente, mas claramente ela foi motivada por algo que eu poderia apoiar. No entanto, eu teria perdido essa chance de pensar bem de minha filha se eu não tivesse olhado abaixo da superfície do que ela fez e perguntado por que ela o fez. Se você não está acostumado a procurar motivos, tenha coragem. Isso é algo que você pode aprender.

Isso é algo que seus filhos também podem aprender.

Certa noite, Sally estava fazendo molho para servir com o frango que ela assou, e nosso filho mais novo decidiu oferecer sua opinião culinária voluntariamente dizendo-lhe: "Isso parece nojento".

Antes que ela pudesse responder, nosso filho do meio com idade para estar na escola primária saltou e disse a Danny: "Será que você pode aprender a dizer: 'Obrigado por fazer o jantar mesmo que eu não goste?', pois você precisa ser grato à pessoa que está fazendo sua comida".

Danny fez uma pausa, digeriu essa nova perspectiva e depois falou novamente: "Aquele molho parece nojento, mas eu vou comê-lo".

E eu pensei: "Fantástico! Tenho algo a encorajar em ambos porque ambos estão se esforçando muito". Eu disse: "Danny, vejo seu coração tentando ser grato pelo jantar, e,

Timmy, vejo um rapaz que está trabalhando arduamente para ajudar seu irmão mais novo. Obrigado. Vocês dois se saíram muito bem".

Timmy estava ajudando seu irmão a aprender a como ser agradecido de uma maneira apropriada à idade dele. Danny estava se esforçando para apreciar sua mãe. É verdade, nenhum dos dois disse as coisas exatamente como eu teria dito, mas ambos estavam trabalhando arduamente, e eu podia apreciar o desejo deles.

Eu não só devo apreciar os passos de meus filhos rumo ao crescimento, mas posso e devo encorajá-los. É muito fácil focar o objetivo e ignorar o processo pelo qual alguém está se movendo em direção ao objetivo. Aprenda a ver o processo com seus inúmeros passos e estágios e você verá rapidamente muitas coisas que pode encorajar.

23
Seja encorajado quando você estiver cansado de encorajar

Encorajar é um trabalho necessário, mas às vezes parece um trabalho excessivo. Pelo menos Sandra pensava assim. Ela já estava farta. Semanas de treinamento para desfraldar Corey, sem resultados — literalmente. Ela tinha feito de tudo: deu incentivos de M&M's, comprou cuecas de desfralde legais, fez tabelas de penico com adesivos, ensinou a dança do penico, colocou livros ao lado do penico e até ofereceu um presente especial para o sucesso repetido. Nada funcionou.

Um dia eles estavam no shopping, dentre todos os lugares que poderiam estar, e Corey disse: "Eu tenho que ir ao banheiro". Mas àquela altura Sandra já estava farta. Ela olhou para Corey e lhe disse: "Você está de fralda; use-a", enquanto pensava: "Eu não vou levá-lo a um banheiro público para vê-lo não fazer nada".

Você já chegou nesse ponto? Todos nós já chegamos. Seu filho pode não ter feito você passar do seu limite com o desfralde, mas certamente o fez com outra coisa. Todos nós já tivemos momentos em que trabalhamos e trabalhamos, encorajando e exortando nossos filhos a lidarem com o desafio que está diante deles, e eles se recusaram a fazer ou até mesmo a tentar fazer algo diferente. Eles não brincavam com as outras crianças da vizinhança, não começavam a fazer a tarefa da escola antes de iniciar um jogo de computador, não arrumavam a cama, não limpavam o quarto, não terminavam o jantar, não paravam de falar palavrões ou não paravam de olhar apaixonadamente para o telefone.

Mas então há aquele momento em que as coisas parecem se encaixar para eles, e eles dão um pequeno e tímido passo na direção certa. Você sabe que deve encorajá-los, mas não consegue. Você não o fará. Você está farto e já passou do ponto de estar disposto a vê-los fazer qualquer coisa certa. Você tem noção de como é difícil para eles. Você pode até ser capaz de colocar isso em palavras, mas simplesmente não quer fazê-lo. Você está muito irritado com tudo o que eles não têm feito, e não está disposto a encorajá-los. Ao invés disso, você está pronto para desistir.

Já se sentiu assim? Como se, talvez, caso eles tivessem tentado um pouco antes, você poderia ter respondido de forma decente, mas nesse ponto já é tarde demais? Eu já.

Essa é uma dinâmica comum nos relacionamentos. Uma pessoa trabalha arduamente por um tempo para engajar a outra. As pessoas muitas vezes começam com vontade suficiente, mas, depois de um tempo, se há pouco progresso por todo o tempo e energia que estão sendo gastos, elas começam a se sentir drenadas. Elas se cansam de ser afetadas pelos problemas da outra pessoa e começam a se perguntar: "Por que se preocupar? Isso não vai a lugar algum". Então elas desistem, muitas vezes quase ao mesmo tempo da outra pessoa acordar e começar a responder.

Momentos como esses exigem resistência e perseverança, duas qualidades de caráter que são a marca do povo de Deus (veja 2Co 6.4; 12.12; 2Tm 3.10-11; Ap 2.2-3). Dado o quanto é difícil viver neste planeta, faz sentido que precisemos ser instados: "Não desista. Não jogue a toalha. Continue resistindo e perseverando" (veja 1Tm 4.16; Tt 2.2; Hb 10.36; Ap 13.10). Você precisará dessas duas características se quiser continuar investindo em seus filhos tentando encorajá-los.

E mesmo assim, embora eu seja capaz de enxergar como essas características são importantes, quando estou desgastado por meus filhos, não quero resistir ou perseverar com eles. Não quero tentar encorajá-los mais. Para mim, já deu.

Nesses momentos, eu preciso mais do que alguém me dizendo: "Anime-se. Volte lá e tente novamente". Isso não vai me ajudar a querer voltar para lá. Nem os chavões que alegremente tentam prever o futuro funcionam: "Não desista agora. Nunca se sabe — a terceira vez é a da sorte!". E eu realmente não preciso de alguém que me facilite a desistência: "Está tudo bem. Dê um desconto. Talvez você tenha vontade de tentar novamente mais tarde".

Quando estou prestes a desistir, ou depois de já ter desistido, preciso mais do que alguém entrando no meu mundo para me dizer o que devo fazer ou para me dizer o que quero ouvir. Ao invés disso:

- Preciso de alguém que faça comigo aquilo que me recuso a fazer com outra pessoa — que ela resista comigo quando rejeito os bons planos de Deus para os meus relacionamentos —, e

• preciso de alguém que possa chegar ao centro de controle da minha vida e ajustá-lo para que eu queira resistir com os outros.

Em outras palavras, eu preciso do Deus de Romanos 15.5, o Deus que dá resistência e encorajamento. Você está surpreso ao saber que a fonte dessas duas características está em Deus antes que possam sequer estar em você? Lembre-se, Deus nunca o chama para fazer algo que você não tenha experimentado primeiro. Para que possa suportar, você precisa saber o que é ser suportado. Para encorajar, você precisa saber o que soa como encorajamento. Esse Deus trabalha para lhe dar tanto resistência quanto encorajamento para que você possa transmitir essa mesma experiência aos outros.

Isso significa que eu preciso aceitar que sou carente, que preciso ser encorajado. E eu preciso acreditar que Deus anseia por me encorajar, por suprir minha necessidade. Portanto, eu o escuto. Escuto suas palavras que me dizem que ele não perdeu a esperança em mim (Is 40.28-31; Fl 1.6), que ele realmente entende como a vida pode ser difícil neste planeta (Hb 2.17-18; 4.15) e que ele nunca vai parar de trabalhar em mim até que eu esteja puro e completo, em nada deficiente (Hb 12.2; Tg 1.2-4; 1Pe 2.2). Eu preciso ser encorajado pelo próprio Deus quando vejo quão pronto estou para desistir.

E eu preciso de um Deus que possa colocar seu tipo de resistência em mim. É embaraçoso admitir que recebi dele misericórdia e bondade por décadas e, no entanto, posso tão facilmente me recusar a estender essa mesma bondade a um companheiro de luta. Mesmo nesses momentos, Deus se mantém ali comigo. Ele resiste comigo. Agora, se ele pudesse, de alguma forma, colocar dentro de mim essa mesma disposição de resistir, eu viveria muito melhor com as pessoas difíceis na minha vida.

E é isso o que ele faz. Ele dá resistência (Rm 15.5). Ele o preenche com o conhecimento de sua vontade, de modo que resulte "em toda perseverança e longanimidade; com alegria" (Cl 1.11). E quando você é tentado a desistir e a jogar a toalha em relação aos seus filhos, pode ter certeza de que ele lhe proporciona uma maneira de escapar dessa tentação para que você possa suportar e estar disposto a tentar novamente (1Co 10.13). Sem um Deus ativo trabalhando em você, você não é capaz de desenvolver uma resistência como a dele.

Aqui é onde a religiosidade e as boas ideias falharão a cada momento. Elas não têm vida ou poder para mudá-lo. Na melhor das hipóteses, elas podem apontar o caminho, porém, sem experimentar um relacionamento ativo e presente com o Deus que o criou, você não pode esperar desenvolver um relacionamento piedoso com seu filho.

Não há aqui nenhum mistério profundo de como isso acontece. Quando sente vontade de jogar suas mãos para cima, sair e desistir, você leva as palavras de volta ao seu Deus e fala com ele sobre isso. Você admite a ele que não quer fazer aquilo que ele o chamou para fazer, e percebe que agora você é tão difícil e obstinado quanto seu filho. Você pede a ele que suporte ali junto com você, perdoando-o. Você pede a ele que encoraje você, fazendo-o saber que ele não está farto e pronto para se afastar de você. E então você lhe pede para colocar em você esse mesmo tipo de espírito persistente e encorajador, para que você possa voltar e engajar novamente seu filho como ele fez com você.

Você precisa ouvir encorajamento. Deus está com você e lhe fala com muita disposição para evitar que você desista em frustração. As pessoas ao seu redor precisam dessa mesma experiência persistente e encorajadora. Elas desenvolverão um gosto por essa experiência à medida que experimentarem que você volta para elas, renovado por um Deus que não se cansa de revigorar seu povo.

Parte 4
A HABILIDADE DA HONESTIDADE

Fale corajosamente para fortalecer os outros.

24
O objetivo da honestidade: resgate

Alguns de nós precisam tornar-se especialistas em incentivar nossos filhos. Outros, entretanto, precisam aprender a falar mais aberta e honestamente com eles quando estão em apuros. Agora estamos considerando o tipo de comunicação que a Bíblia descreve quando usa palavras como *confrontar, corrigir, repreender* ou *reprovar*.

Reconheçamos frontalmente que esse é um tópico difícil para muitos de nós.

Se você não for bom em sinceridade direta e aberta, então essas palavras podem deixá-lo nervoso ou até mesmo doente fisicamente. Não é fácil pensar em entrar no mundo de outra pessoa para desafiar o que ele ou ela estão pensando ou fazendo.

Mas essas palavras são difíceis não só para pessoas tímidas e que se retraem. Não me lembro de ter conhecido alguém — mesmo alguém que não tenha problema algum em falar o que pensa — que estivesse consumido com um profundo anseio de que outra pessoa lhe falasse tão abrupta e diretamente assim como ele gostava de falar com os outros.

O que torna a verdade corajosa tão sem atrativos tanto para o orador quanto para o ouvinte? Talvez isso tenha a ver com a pouca experiência que tivemos. Ou talvez tenha a ver com as muitas vezes que experimentamos o oposto — quando estivemos no lado receptor de confrontações que não foram projetadas para nos ajudar, mas para beneficiar a outra pessoa. Vezes em que:

- elas estavam fartas e queriam desabafar;
- elas queriam que você se sentisse muito mal por alguma coisa, para que você nunca mais pensasse em fazer isso de novo;
- elas usaram volume e ameaças para amedrontá-lo, intimidá-lo ou mantê-lo à distância;
- elas despedaçaram sua autoestima com comentários frios e depreciativos que o fizeram reviver emoções negativas.

Simplesmente não havia a sensação de que a outra pessoa estivesse ali por você ou que ela quisesse ajudá-lo. Tais experiências passadas tornam difícil falar sobre confrontação de uma forma que tenha uma chance de ser positiva.

Talvez essa história ajude; mas, primeiro, você precisará de um pouco de contexto. Se alguém em minha família o chamar de "vaca mandona" ou por nenhuma razão aparente começar a fazer barulhos baixos, então ele ou ela está calmamente sugerindo que você está ultrapassando seus limites e sendo controlador.

Certa manhã, eu estava sentado no sofá com minha filha de quatro anos. Nós tínhamos acabado de visitar alguns de seus primos e estávamos conversando sobre o tempo que passamos juntos. Ela se referiu a um deles como uma vaca mandona. Eu achei isso engraçado, pois Cassie é aquela pessoa em nossa família que nos ama e tem um plano maravilhoso para a nossa vida.

Então, esperando que esse fosse um daqueles lendários "momentos ensináveis", perguntei muito suavemente: "Sim, isso é verdade. Hum. Você já viu algo disso em você?".

Ao que ela respondeu rapidamente: "Oh, não".

E porque eu sou quem sou, persisti teimosamente: "Nem um pouquinho?".

E porque ela é minha filha, ela também persistiu: "Não, nem um pouquinho".

Eu pensei: *E assim termina o momento ensinável...* só que eu e minha filha vivemos em um universo de um Deus soberano. Naquele momento, meu filho de dois anos entrou na sala empurrando um carrinho. Sem nem piscar, Cass apontou para onde normalmente guardamos o carrinho e ordenou: "Timmy, coloque isso ali".

Eu explodi para fora do sofá com meus braços estendidos bem acima da minha cabeça e gritei: "Uau! Você viu isso? Essa vaca enorme acabou de chegar galopando pela sala! Ela tinha chifres de dois metros e meio de largura que tocaram o teto! Isso foi incrível!". Eu continuei sem parar. E minha filha sentou-se no sofá, de olhos arregalados, rindo. Na verdade, rimos juntos e depois conversamos sobre o que ela tinha acabado de fazer.

Agora, isso é confrontação?

Claro que é. Eu estou apontando a ela algo que precisa mudar. Mas não é assustador. Minha filha não está fugindo de mim, nem física, nem emocionalmente. Ao invés disso, ela está interagindo comigo. Eu fui irreverente, mas ela entendeu o ponto. O que fez com que essa experiência se diferenciasse dos cenários de pesadelo que todos nós experimentamos? Cassie sabia que minha emoção excessiva e meu volume não eram para o meu bem, mas para o dela.

Ou pense em outra época, vários anos mais tarde, quando amigos e parentes próximos estraçalharam firmemente a paz da minha família em um momento de falta de consideração bem-intencionada. Eles começaram a dar bonecas Barbie para a minha filha.

Ela raramente brincava com as bonecas, mas passava horas sonhando com elas. Aqueles pequenos acessórios, sapatinhos e trajes diferentes a cativaram. Ela os transformava em sua mente e imaginava o mundo das Barbies, que era mais importante para ela no momento do que o mundo real — aquilo não era muito diferente de ver um adolescente preso a um videogame. Seus olhos ficavam vidrados. Ela se retirava para aquele lugar distante, e era como se o resto de nós não existíssemos mais.

Estávamos vivendo um desses momentos. Ela estava folheando catálogos de brinquedos, apaixonada pelos estilos e acessórios mais recentes, profundamente perdida na luxúria da Barbie.

Eu sabia que precisava falar com ela sobre isso, por isso tinha pensado cuidadosamente na noite anterior sobre o que dizer. Na manhã seguinte, antes de ir trabalhar, sentei-me com ela e conversamos sobre o que eu estava vendo e sobre os efeitos que aquilo parecia estar exercendo sobre ela e sobre nós. E então eu disse, cautelosamente: "Parece que você ama demais as Barbies, não é?".

Ela acenou com a cabeça, olhando para o chão, e disse: "Sim... e você ama demais as ferramentas, papai". Nós dois rimos porque ela foi cirúrgica.

Eu posso muito facilmente fazer com ferramentas o que ela fez com as Barbies. Eu me encontro em lojas especializadas em melhorias domésticas, andando de cima a baixo nos corredores, olhando amorosamente para todas as ferramentas elétricas. Começo a me convencer a comprar, imaginando todos os projetos que eu poderia fazer se tivesse uma serra circular de quinze amperes porque, como todos sabem, meus treze amperes simplesmente não são suficientemente poderosos. Além disso, não tenho ferramentas amarelas o suficiente, e realmente preciso ter mais uma ferramenta amarela porque *todo mundo* sabe que as ferramentas amarelas são muito melhores e... sim, Cassie estava certa. Eu amo demais as ferramentas.

Rimos um pouco mais, e então a lembrei de como Deus havia trabalhado em sua vida e na minha no passado. Tiramos um tempo para orarmos juntos a fim de que não amássemos a criação de Deus mais do que o amamos. Foi um tempo que reforçou como a nossa necessidade mútua de ajuda nos tornava semelhantes aos pés da cruz.

Em outras palavras, há uma maneira de confrontar que une as pessoas em vez de afastá-las. É uma maneira que espelha o que Deus está fazendo quando fala honestamente. Pode ser assustador pensar em Deus repreendendo as pessoas em geral. É realmente assustador pensar que ele confronta você pessoalmente. Mas veja além do que ele diz e enxergue o motivo de ele o dizer. O que ele espera quando o confronta?

Ele espera que você ouça e concorde com o que ele vê. Ele deseja que você pare de ir na mesma direção e se afaste do que você tem feito. Por que ele quer isso para você? Para que a sua vida seja realmente melhor. Para que você não se machuque, e para que você se aproxime dele e dos outros.

Em outras palavras, Deus não confronta para romper relacionamentos. Ele fala honestamente para restabelecê-los. Isso é diferente da maneira como muitas pessoas pensam sobre a confrontação. Muitas vezes, vemos as pessoas como sendo próximas antes de uma repreensão, mas que podem ser afastadas se uma delas confrontar a outra. E por não querermos colocar mais distância entre nós e outra pessoa, paramos e não dizemos o que precisa ser dito.

Deus sabe algo diferente. Ele sabe que a distância já está lá. Você já se afastou. Portanto, quando confronta, ele o faz com o propósito de se livrar da coisa que está mantendo todos separados para que possam estar todos juntos novamente. O objetivo dele é que, ao ouvi-lo, você não se prejudicará, não prejudicará os outros e não prejudicará a glória dele. Todas essas coisas funcionam juntas ao mesmo tempo.

Portanto, se você está falando honestamente com alguém da forma como Deus fala com você, então você está tentando evitar que a pessoa arruíne a própria vida. Você está tentando resgatá-la. Ou como Tiago coloca no final de sua carta: "Meus irmãos, se algum entre vós se desviar da verdade, e alguém o converter, sabei que aquele que converte o pecador do seu caminho errado salvará da morte a alma dele e cobrirá multidão de pecados" (Tg 5.19-20).

Em sua forma mais básica, falar honestamente — ir atrás de alguém com palavras para trazer essa pessoa de

O objetivo da honestidade: resgate

volta — é simplesmente uma missão de resgate. É você ver alguém em perigo e buscar essa pessoa para que ela não se arruíne e se destrua. Quem será mais beneficiado com essa interação? Não é você. É a outra pessoa. Quando essa motivação centrada no outro o impulsiona, você encontrará uma maneira de comunicar à outra pessoa algo do tipo: "Por favor, ouça-me para que você não acabe se machucando e para que fique melhor".

25
Pense antes de falar

O objetivo da confrontação piedosa é oferecer ajuda e cura. Você nunca aprenderia isso ouvindo a nossa sociedade. Ao contrário, a confrontação do mundo é um ataque — uma disputa verbal destinada a destruir a argumentação do seu oponente por qualquer meio necessário ou, se isso falhar, uma tentativa de rebaixar seu oponente, na esperança de que isso difame as crenças dele.

É a memorável frase de efeito. O gracejo ácido. A insinuação dissimulada. O insulto espontâneo. A torrente ininterrupta de palavras. Essas são as armas valorizadas em um assalto. Quanto mais rápido, mais afiado, mais duro, melhor. A tirada loquaz e o palavreado direto marcam mais pontos do que as aproximações mais silenciosas e cuidadosamente fundamentadas.

Pelo menos, eles o fazem até que você comece a ouvir a sabedoria, que é essencial à vida. Com a sabedoria você prosperará e sem ela você murchará. A sabedoria lhe permite alinhar seus caminhos, incluindo suas palavras, com a maneira como Deus estabeleceu e organizou seu mundo. Alinhe-se com ele, e você viverá bem. Corra contra os caminhos dele em seu mundo, e sua vida será uma fonte inesgotável de frustração e dano para si mesmo e para todos ao seu redor.

Você pode dizer muito sobre a sabedoria de uma pessoa com base em como ela se comunica. A sabedoria tem um conteúdo real, mas também tem sua própria forma e estilo, o que significa que você pode reconhecê-la quando a ouvir.

No livro de Provérbios, você é apresentado a duas pessoas diferentes — a sábia e a tola — e lhe são dadas listas de características que o ajudam a distinguir as duas.

As pessoas sábias são comedidas no que dizem. Elas pesam suas palavras cuidadosamente (Pv 15.28). Elas controlam o que sai da boca delas (Pv 12.23). Elas são intencionais quando falam (Pv 16.23). Elas são ponderadas, considerando o potencial impacto futuro do que dizem (Pv 16.21).

Em outras palavras, essas pessoas levam tempo para pensar nas coisas (Pv 14.8). Elas, de fato, têm uma resposta nas conversas, mas estão dispostas a pensar e reconsiderar antes de deixar as palavras saírem ao ar livre. Elas não dizem a primeira coisa que lhes vem à cabeça ou deixam sua boca fugir com esses pensamentos (Pv 10.19). Como resultado, suas palavras beneficiam outros, tanto ajudando quanto curando aqueles que as escutam (Pv 10.11, 21; 12.18; 16.21).

As pessoas tolas, por outro lado, disparam com a própria boca. Elas reagem em voz alta, imediata e impulsivamente. Elas bufam, jorram e falam imprudentemente na pressa de dizer o que lhes passa pela cabeça, tagarelando sem parar (Pv 12.18, 23; 15.2; 29.20). Elas dão respostas rápidas, prontas e imediatas sem tomar tempo para considerar o que estão dizendo ou o efeito que isso terá.

Não surpreende que essas pessoas causem danos aos outros, o que muitas vezes é a intenção em uma guerra de palavras (Pv 12.18). O surpreendente é que as palavras do tolo ricocheteiam, trazendo maior dano a ele mesmo (Pv 10.11, 14; 18.6). Mesmo que, inicialmente, subjugar verbalmente outra pessoa pareça um movimento de poder, eventualmente o tiro irá sair pela culatra, enredando o tolo em problemas ainda maiores (Pv. 18:7).

Você pode ter dificuldade para aceitar a descrição e a avaliação de Provérbios sobre como o tolo fala, especialmente se você foi treinado para acreditar que respostas rápidas, imediatas e humilhantes são melhores. Em nosso mundo, alguém que se detém para pensar parece lento e, portanto, por definição, já está perdendo o debate.

O livro de Provérbios discorda. Ele argumenta que, deste lado do céu, o que vem rápido, sem esforço, espontâneo e barulhento é tolice. A sabedoria leva tempo. Isso é importante de ser lembrado quando se está chateado ou zangado, ou no meio de um confronto. Seus primeiros instintos podem não ser os melhores. Os meus geralmente não são.

Certa noite, meu filho Tim e eu estávamos assistindo à dança olímpica no gelo depois do jantar. Quando uma equipe foi julgada como média, Tim disse: "Sinto que eles deveriam ter obtido uma pontuação mais alta". Imediatamente eu me rebelei. "Como você pode dizer isso? Eu nem sei qual é a escala, o que significam esses números, o nível de fatores de dificuldade ou até mesmo o que observar para que eles sejam julgados".

Tim também não sabia. Ele é um jogador de futebol, um corredor, um saltador de obstáculos e ele já havia lutado. Em qualquer um desses esportes, ele poderia falar com alguma autoridade. Mas dança no gelo? Na melhor das hipóteses ele é um espectador casual, assistindo a algumas horas de dança a cada quatro anos. Tecnicamente eu estava certo — ele não tinha nenhuma base para o que dizia —, mas na maior parte eu fui um tolo.

Eu não fui cuidadoso no que disse. Eu não parei para pensar. Eu instintivamente deixei escapar o primeiro pensamento que me ocorreu. O pior de tudo é que eu não considerei o efeito que isso teria sobre ele. Eu o encerrei, levando-o para dentro de si mesmo. Ao zombar dele, quebrei nosso relacionamento; compreensivelmente, ele deixou a sala.

Foi aí que eu tirei um tempo para pensar. Quando me sentei ali, percebi: "Tim gostou deles. Ele gostou de observá-los, esperava que eles se saíssem bem e ficou desapontado quando isso não aconteceu. Ele não estava criticando impensadamente os juízes. Essa é apenas a maneira como ele se expressa".

A percepção não vem rapidamente em um mundo atormentado pela insensatez. Ela leva tempo. Ela também requer a disposição de olhar pelo menos tão criticamente para si mesmo quanto para os outros. Independentemente de eu ter compreendido Tim corretamente ou não, a verdade sobre mim era bastante clara. E muito feia. Eu tinha desempenhado o papel de tolo e eu estava errado.

Isso significava que eu tinha que tirar um momento para pensar ainda mais cuidadosamente sobre o que dizer a seguir — não para manipular meu filho ou para tentar manobrá-lo, mas para deixar claro como eu havia pecado contra ele e o que eu esperava agora. Uma vez que ficou claro em minha própria mente, fui procurá-lo e pedi desculpas por falar duramente e por não dar espaço para que ele se expressasse de suas próprias maneiras sem ser refutado. E pedi-lhe que me perdoasse. Felizmente, ele me perdoou, e nós experimentamos a cura que vem com a sabedoria.

Como Jesus quer usar esse momento?

Para falar de forma construtiva, você tem que fazer uma pausa longa o suficiente para perguntar: "Como Jesus quer usar o que vou dizer para trazer seus bons propósitos a essa situação?". Independentemente de quão ruim seja o problema ou de quantas vezes ele tenha ocorrido, cada coisa horrível na vida do crente pode ser recuperada mesmo que a situação ultrapasse sua mais louca imaginação. Agora que Jesus ressuscitou dos mortos, nada, absolutamente nada, precisa permanecer como está.

Isso é verdade *e* eu me esforço para crer nisso. Muitas vezes ainda vivo de forma pessimista, acreditando que as pessoas ao meu redor nunca serão diferentes, então por que me dar ao trabalho de me pronunciar? Quando vive dessa maneira, você nega o evangelho. Você assume que Jesus não está envolvido e que ele não tem nenhum interesse em estar envolvido. Isso não é verdade. E assim, em tempos de dificuldade, primeiro tenho que falar comigo mesmo, lembrando-me de que Jesus está trabalhando no mundo para promover o bem aos seus filhos. Isso significa que ele está trabalhando arduamente para promover o bem para a minha família.

Jogar as mãos para o alto e afastar-se de situações que não me agradam não é mais uma opção. Tampouco me é permitido tentar conseguir o que eu quero utilizando ira, intimidação ou manipulação. Ao invés disso, tenho que entrar nas situações e, antes que eu abra minha boca, devo procurar o que Jesus pode estar fazendo. Somente depois de entender o que ele está fazendo é que eu posso me dar ao luxo de me envolver.

Você pode estar pensando: "Isso não é realista. Se eu vivesse assim, nunca conseguiria fazer nada". Não estou falando de uma atividade meticulosa e árdua que vai levar várias horas. Essas horas acontecem, mas tendem a ser raras. Estou falando, entretanto, de fazer algo que não vem imediatamente, algo para o qual é necessário que você arranje espaço.

Lembro-me da vez em que um de meus filhos me desobedeceu descaradamente, colocando um de seus irmãos literalmente em perigo real, físico. Eu fiquei furioso e sabia que não estava pensando claramente. Então, sentei a criança em um sofá e disse: "Eu não confio em mim para fazer o bem a você neste momento, então preciso ir orar antes de dizer ou fazer qualquer coisa".

Depois, fui para o meu quarto e orei. Mas ao invés de me acalmar, eu continuei agitado por dentro, repassando mentalmente todas as diferentes coisas que eu poderia fazer e que realmente causariam uma impressão naquele filho em questão. Nenhuma delas, entretanto, me pareceu adequada o suficiente, e todas me deixaram inquieto.

Foi aí que eu percebi que estava orando pela coisa errada. Eu não estava procurando como Jesus queria fazer o bem na situação; eu estava apenas procurando o castigo certo e dramático para garantir que algo assim nunca mais acontecesse.

Fez sentido eu não conseguir obter uma resposta. Eu estava orando por algo que não estava na agenda de Cristo. Por isso, mudei meu foco. Comecei a orar para enxergar aquilo como uma oportunidade para Deus entrar em ação e para que ele a usasse a fim de cumprir seu reino na vida do meu filho e de minha família.

Surpreendi-me com quão rapidamente eu tive a noção de como falar com esse filho, bem como com a ideia que veio sobre qual disciplina era apropriada dentro do que Deus queria fazer. Era um momento muito sério, mas eu não o piorei. Em vez disso, vivenciamos os desejos restauradores de Deus no meio daquela situação.

Às vezes, é suficiente buscar a sabedoria por conta própria com o Senhor. Outras vezes, você precisa de ajuda. Às vezes, eu não confio em mim mesmo para descobrir como é a redenção, por isso mantenho uma pequena lista de pessoas a quem recorrer — minha esposa, alguns bons amigos e líderes na igreja —, a quem posso pedir conselhos.

A sabedoria ensina que você precisa pensar em como deve ser o ato de falar "como quem transmite a palavra de Deus" (1Pe 4.11 NVI) antes que você confronte alguém. Talvez você nem sempre saiba. Talvez você precise de tempo para orar ou para perguntar aos seus amigos. Gaste esse tempo. Não tenha medo de desacelerar a fim de que você possa se concentrar em uma direção mais piedosa. Fazer qualquer outra coisa é simplesmente tolice.

26
Seja um espelho que convida à participação

Quando penso em como é a honestidade amorosa, acho útil imaginar ser um espelho para outra pessoa. O que um espelho faz? Ele reflete apenas o que já está lá. Ele não cria o que você vê. Ele não explica o que você vê. Ele não prediz o que você vai ver. Ele simplesmente mostra a você naquele momento o que todo mundo já enxerga. Então, o que você faz com o que você vê, depende de você.

Em uma interação humana, meu objetivo em ser um espelho é dizer: "Espere. Isso é o que eu vejo neste momento quando vivo com você. Tire um momento para que você também possa olhar. Você vê a mesma coisa ou sou eu que não estou percebendo algo?".

Vários anos atrás, minha família estava tendo um daqueles jantares que o deixam agradecido pelo fato de os vizinhos não conseguirem ver através de suas cortinas. O jantar começou de forma caótica e daí em diante entrou em espiral descendente. Sal e eu tentamos intervir e redirecionar as crianças, que não estavam terrivelmente interessadas em serem redirecionadas. Em vez de cooperarem conosco, elas começaram a se retrair, amuadas. Eu lidei mal com a má resposta deles, tornando-me menos paciente, mais crítico e mais barulhento a cada minuto. À medida que eu me intensificava, as crianças se fechavam ainda mais, olhando fixamente para a mesa e engolindo a comida para que pudessem sair da sala mais rapidamente.

Por mais que seja difícil viver no meio da loucura, para mim é ainda mais difícil ser ignorado. Então, em frustração, a ninguém em particular, eu exigi: "Por que ninguém me responde quando estou falando?".

Ao que minha muito corajosa e gentil esposa olhou para cima, enquanto dava comida na boca do bebê, e disse: "Porque você é assustador quando tem esse aspecto".

Essa não é realmente a resposta para a pergunta que eu pensava estar fazendo, mas era a resposta que eu precisava ouvir. Ela foi gentil e graciosa e foi direto ao ponto: "Aqui está o que é viver com você. É assim que você nos afeta". Ela foi um espelho.

Eu preciso disso. O pecado é uma coisa agitada e maligna. Ele engana e endurece (Hb 3.12-13). Ele coloca você contra o seu Deus, e o engana à medida que arruína a sua vida. Observe que minha esposa e meus filhos não estão enganados quanto a quão assustador eu pareço. Eu estou. Sou eu quem está enganado — iludido, estulto —, o que significa que sou eu quem precisa de ajuda. Em tais momentos, eu realmente acredito que vejo as coisas como elas são quando, na realidade, não as vejo. Eu preciso de ajuda. Eu preciso de um espelho.

E é disso que os meus filhos precisam quando estão enganados. Ser um espelho para eles é uma parte essencial de amá-los.

Em nossa casa, temos diretrizes sobre quanto tempo as pessoas podem usar eletrônicos em um determinado dia — diretrizes que as pessoas ignoram regularmente... quer dizer, "esquecem". Assim, muitas vezes, eu me verei dizendo a alguém que ele ou ela passou do tempo de uso do computador da família. Agora, o que você faz ou diz quando lembra a seus filhos que eles passaram do limite, mas mais tarde descobre que eles ainda estão lá na tela?

Você poderia jogar a coisa fora e então não teria que lidar com ela novamente — só que eles terão que lidar com isso assim que deixarem sua casa e comprarem para si o objeto em questão. Tudo o que você terá feito é deixá-los lutar (ou não lutar) por conta própria com a falta de autocontrole deles. Ou então, você poderia tirar-lhes os privilégios de tela e restringi-la apenas à tarefa da escola. É uma estratégia menos draconiana, mas tem a mesma incapacidade de ensiná-los a refrear seus desejos descontrolados do que a estratégia de se livrar do objeto. Em outras palavras, nenhuma das opções permite que você se dirija ao coração deles, e nenhuma delas tem a chance de ajudá-los a ver. E eu quero tanto que eles vejam.

Isso significa que me vejo indo até eles quando ainda estão conectados a um jogo, mesmo depois que eu lhes tenha dito "Acabou o tempo". Eu digo algo como: "Então... quando conversamos há vinte minutos e eu disse: 'Você precisa sair do computador', você decidiu me dizer: 'Esqueça, papai. Eu escolho o que fazer em sua casa com o seu computador porque sou grande o suficiente e tenho o direito de tomar essas decisões'".

Agora, obviamente, o filho não disse isso em voz alta, então o que estou tentando fazer? Estou tentando dar-lhes uma noção das palavras e do tom que combinam com suas ações, em vez de deixá-los enganarem a si mesmos pensando que "esquecer" é algo relativamente inofensivo.

Então eu faço uma pausa e convido meu filho a se olhar um pouco mais profundamente no espelho. "Por favor, entenda, Deus me colocou em sua vida para que você pudesse aprender a viver dentro das fronteiras da autoridade de outra pessoa. Isso significa que você não irá tratar mais ninguém em posição de autoridade, inclusive ele, com mais respeito do que você pratica comigo.

"Não estou tentando fazer você se sentir culpado, mas estou tentando deixar você se ver e decidir se essa é a pessoa que você quer ser. Você vai desligar o computador agora, mas o que vai fazer em seguida depende de você. Você pode ficar mal-humorado e chateado. Pode pensar para si mesmo que isso é muito injusto. Ou talvez valesse a pena passar algum tempo pensando no tipo de pessoa que você está se tornando. Você ainda tem um Salvador para quem correr e que, de bom grado, fará você gostar de si mesmo, caso você não goste de ver o que está se tornando."

Enquanto o pecado for uma realidade presente para nós — tentando-nos e procurando nos enganar —, todos nós continuaremos a lutar contra a cegueira espiritual. Parte da solução de Deus para esse problema é que nos tornemos espelhos na vida um do outro.

Seja um espelho que convida à participação

Convide seus filhos a ajudarem a resolver o problema que você enxerga

Às vezes, ser um espelho termina com você dizendo a alguém: "Isso é o que eu vejo... o que você vai fazer a respeito?". Outras vezes, você pode dar o passo adicional de convidar a cooperação de alguém para resolver o problema que você enxerga. Eu descobri que é útil pensar em termos de uma fórmula simples que aprendi anos atrás com um mentor, que é a seguinte:

- Quando você faz ou diz _____,
- Eu sinto _____, (ou eu faço _____, ou eu digo _____, ou eu penso_____).
- Por favor, me ajude (pois eu quero algo melhor para nós, mas não posso resolver nossos problemas sem você).

Note que, assim como um espelho, você não está dizendo à pessoa por que ela está fazendo o que está fazendo. Ao invés disso, você está simplesmente descrevendo o que você vê ou vivencia. Você também não está acusando-a de fazer você reagir de uma certa maneira. Você está confessando sua tendência de responder de certas maneiras quando outras pessoas fazem ou dizem certas coisas. Por último, você está convidando outra pessoa a trabalhar com você para resolver a tensão relacional que está ocorrendo.

Nossa família achou essa abordagem útil quando estávamos aprendendo a dar espaço para que outros falassem e compartilhassem ao redor da mesa de jantar. As crianças ainda estavam na escola primária e estavam adotando a etiqueta de jantar de seu refeitório, onde todos falam ao mesmo tempo e só a pessoa mais barulhenta consegue ser ouvida.

Uma noite, depois que todos tinham sido servidos, pedi a atenção deles e disse: "Estou percebendo um problema. Todos nós continuamos interrompendo uns aos outros e conversando por cima uns dos outros de forma que é difícil ouvir o que alguém está dizendo. Se continuarmos fazendo isso, então alguém continuará a monopolizar todo o tempo e o resto de nós deixará de tentar. Então, o que vocês acham que devemos fazer a respeito?".

Você enxerga os três elementos aqui?

- Eis o que vejo: estamos todos interrompendo uns aos outros.
- Eis o efeito que esse comportamento tem tido: nem todos nós conseguimos compartilhar a nossa vida.
- Por favor, ajude: o que vocês acham que devemos fazer a respeito?

Eu não tinha ideia do que esperar, mas fiquei realmente surpreso. Algumas ideias não eram realmente viáveis, mas juntos chegamos a uma que era. Decidimos fazer uma pequena pilha de "Bilhetes de Interrupção" e colocá-los em uma cesta.

Durante o jantar, qualquer pessoa poderia lhe entregar um bilhete a qualquer momento se você começasse a falar enquanto outra pessoa já estivesse falando. Se você recebesse três bilhetes durante uma refeição, perderia seus privilégios de fala durante o resto do jantar. Não havia processo de apelação: você interrompe, você é multado. Essa foi uma maneira leve de confrontarmos gentilmente uns aos outros — as crianças *adoravam* quando um deles me entregava um bilhete.

A novidade do uso dos bilhetes desapareceu em cerca de uma semana, mas nos ajudou a continuar a construir em nossa casa uma cultura que valoriza a contribuição de cada pessoa, criando intencionalmente espaço para que todos possam compartilhar o que pensam.

Por mais útil que eu considere esse tipo de ferramenta, lembre-se: são apenas ferramentas. Ser um espelho para alguém não vai mudar o coração daquela pessoa. Mesmo convidá-la a participar da solução do problema que você vê, não mudará o coração dela. Somente Jesus muda corações. Essas abordagens podem ajudar seu filho a enxergar onde a mudança precisa acontecer, mas você ainda está confiando em Cristo para produzir neles a vida que você deseja que eles tenham (Jo 3.5-8).

27
Mire no coração

Fariseus: "Mestre, sabemos que és verdadeiro e que ensinas o caminho de Deus, de acordo com a verdade, sem te importares com quem quer que seja, porque não olhas a aparência dos homens. Dize-nos, pois: que te parece? É lícito pagar tributo a César ou não?"
Jesus: "Por que me experimentais, hipócritas?"
(Mt 22.16-18)

Bem. Isso foi abrupto. Pense em como teria sido ouvir essa interação. Os fariseus, o povo moralmente bom da igreja, se aproximam de Jesus com deferência e respeito. E Jesus parece duro em comparação.

Mais do que isso, parece que Jesus não entendeu o objetivo da conversa. Os fariseus estão perguntando sobre uma coisa e ele está falando sobre algo totalmente diferente; eles estão tentando discutir um dilema ético envolvendo impostos, mas ele está se concentrando na hipocrisia.

A única razão pela qual essa troca faz algum sentido é porque você já recebeu informações privilegiadas de que os fariseus tinham planos para apanhar Jesus em uma armadilha (Mt 22.15). As palavras deles pareciam doces, mas sua intenção era tudo menos isso. Jesus via através das palavras deles e abordou a questão que estava por trás. Essa não foi a primeira vez que ele fez isso.

Sua amiga Marta tentou pegá-lo quando estava correndo para prover uma casa cheia de convidados enquanto sua irmã Maria estava sentada ouvindo Jesus. "Senhor", disse ela, "não te importas de que minha irmã tenha deixado que eu fique a servir sozinha?" (Lc 10.40).

Você vê como ela armou para ele? Como Jesus deve responder a essa pergunta? "Não, Marta, eu realmente não me importo. Apenas continue trabalhando e me deixe fora disso"? Ou ele poderia ter sido cooptado pela agenda de Marta: "Sim, eu me importo; então, Maria, levante-se e faça o que sua irmã quer". Parece não haver uma boa maneira de ele responder.

No entanto, em vez de se deixar manipular por questões injustas, Jesus transcendeu a questão abordando a preocupação excessiva de Marta que a levara a ficar inquieta e preocupada com muitas coisas (Lc 10.41).

Em outro momento, um homem confrontou Jesus: "Mestre, ordena a meu irmão que reparta comigo a herança" (Lc 12.13). Se Jesus permanecesse no nível das palavras do homem, ele teria que dizer: "Não, não ordenarei. Ele pode ficar com tudo" ou: "Sim, você pode me usar como a vara que bate em seu irmão para obrigá-lo a fazer o que você quer".

Jesus novamente foi abaixo da superfície da conversa para falar sobre algo mais importante. Ele contou uma história que identificou a ganância que controlava ambos os irmãos, e ao mirar nessa questão, convidou os dois ao arrependimento ou a serem julgados (Lc 12.14-21).

Em outras palavras, Jesus nem sempre respondia às palavras literais das pessoas, optando, ao invés disso, por lidar com as necessidades mais profundas delas. Ele entendia que, uma vez que as palavras fluem do coração da pessoa (Mt 12.33-37), ele não poderia aceitar algo cegamente sem questionar, mas tinha que levar o coração da pessoa em consideração quando respondia.

Nosso coração nem sempre quer o que Jesus oferece

O sexto capítulo de João registra uma discussão prolongada e dolorosa entre Jesus e uma grande multidão. Jesus tinha se importado com eles ensinando-os, alimentando-os e curando os que estavam doentes, e, consequentemente, eles não se cansavam de ficar perto de Jesus. Ele cruzou o mar da Galileia aquela noite, e a multidão o seguiu no dia seguinte.

Mas eles o fizeram pela razão errada, e Jesus sabia disso. Então, essencialmente ele lhes disse: "Vocês não estão interessados em mim. Vocês estão interessados no que acham que eu lhe darei. Vocês querem um almoço grátis" (veja Jo 6.26). Eles não gostaram de ouvir isso, então começaram a discutir: "Não, nós realmente queremos você", mas enquanto você lê a passagem, eles minaram essa afirmação tentando repetidamente conseguir uma refeição de Jesus (Jo 6.30-31, 34).

Essa é uma passagem assustadora: aqui está Jesus, o verdadeiro alimento do qual eles precisam, descendo do céu enviado pelo Pai, em pé bem na frente deles, e eles não querem Jesus. Eles querem algo mais — porque eles já tinham uma ideia do que significava uma boa vida e Jesus não era parte dessa definição.

Mais do que isso, Jesus era irritante. Ele insistia em gastar o tempo daquelas pessoas com uma discussão filosófico-teológica enquanto eles estavam com fome. E, portanto, eles encontraram maneiras de diminuir a verdade do que ele estava dizendo — "Não é este Jesus, o filho de José?" (veja Jo 6.42).

A multidão tinha se convencido de que o que eles queriam era o certo e o melhor, e por isso conjuraram razões para rejeitar o que Jesus oferecia. Essas razões os deixaram continuar acreditando: "Se eu tivesse apenas um pouco de almoço, então minha vida seria boa. E Jesus poderia facilmente me dar isso, mas ele não o fará. Ele está me distraindo com todo esse disparate sobre como ele satisfaria minha verdadeira fome quando eu já sei o que me satisfaria". O compromisso interno deles com o estômago levou ao fim da conversa.

E isso me assusta porque sei que eu sou exatamente como eles. Diante de Jesus, a verdadeira fonte da vida, às vezes me encontro querendo algo mais, qualquer outra coisa, além de Jesus. Eu sei que não estou sozinho nisso. Você não vê momentos em que está convencido de que se você tivesse um pouco mais em sua conta bancária, uma casa cheia de coisas, férias mais longas, mais amigos, amigos melhores, um emprego melhor, um cônjuge que sorrisse para você quando você chegasse em casa ou o respeito de seus filhos, então a vida finalmente seria satisfatória?

Isso é o mal em sua forma mais fundamental. É um veneno inquieto no fundo que não pára de gritar, afastando-se do que Deus oferece. O mal não só odeia quem Deus é, como odeia sua provisão. Ele quer mais do que Deus oferece, mas quer especialmente algo diferente do que Deus oferece. Você precisa de Jesus para viver, mas nem sempre quer Jesus. Isso é maligno.

E era isso que Jesus estava tentando ajudar a multidão a enxergar — que a preocupação física deles com outra refeição estava ofuscando a real necessidade de fome espiritual. Se não engajarmos nossos filhos no nível de seus anseios do coração, então nos encontraremos em intermináveis conversas circulares que nunca os convidam a conhecer a bondade do evangelho ou como ele aborda suas verdadeiras necessidades.

Ajude seus filhos a verem que eles não são capazes de mudar o próprio coração

Certa tarde, nosso filho Danny pressionou repetidamente Sally para ir ao pet shop. Ele ficou aborrecido porque não tinham ido na noite anterior apesar de terem sido informados de que iriam, e ele estava determinado em garantir que a história não se repetiria. Ele estava ficando cada vez mais nervoso — fazendo verificações duplas e triplas sobre quando eles iriam, certificando-se de que sua mãe tivesse isso na agenda dela, deixando-a saber o quão infeliz ele estava por eles não terem ido no dia anterior, e adicionando cada vez mais energia a cada interação.

Sal estava fazendo o seu melhor para tranquilizá-lo, mas estava ficando frustrada porque nada do que ela dizia o ajudava a se acalmar. Depois de ouvir a conversa deles por um tempo, chamei Dan para o meu escritório e conversamos sobre como não havia nada de intrinsecamente errado em querer ir à loja, que era até uma coisa boa — quando o desejo era do tamanho certo.

E assim, tomando uma página emprestada de Tiago 4.1-3, falei sobre como coisas boas podem se tornar ruins quando passam a ser muito importantes para nós, e sobre como sempre acabamos arruinando nossos relacionamentos quando isso acontece, porque as pessoas deixam de ser imagens de Deus que devem ser valorizadas e cuidadas. Em vez disso, elas se tornam uma ajuda ou um obstáculo ao nosso objetivo.

Eu disse: "Quando ir à loja se torna algo muito grande, então a mamãe é ótima porque ela o leva e você está encantado por ter essa mãe maravilhosa. Ou, se ela não o levar, então ela é má e está no seu caminho, e você precisa tirá-la do seu caminho com suas palavras. De qualquer forma, você não está mais se relacionando com ela; você está apenas tentando usá-la".

Ele acenou com a cabeça pensativo e eu perguntei: "Então... o que você quer fazer a respeito disso?".

"Tirar isso da minha cabeça e parar de pensar nisso?"

Eu sorri para ele, mas abanei a cabeça. "Não", eu disse, "você não consegue fazer isso — esse é o problema quando coisas boas ficam muito grandes; elas estão fora do seu controle, e você não pode torná-las menores. Mas Jesus pode ajudar. Diga-lhe que você sente muito. Peça-lhe perdão por deixar uma coisa boa ficar grande demais. Então, peça-lhe que não tire seu desejo, mas que o encolha até o tamanho certo para que esse desejo não fique mais no caminho entre você e a mamãe".

O evangelho é a solução para todos os problemas da vida. Diariamente, você e seus filhos se fixarão em querer algo mais do que a Jesus, mas há esperança porque Jesus morreu para libertá-los daquela coisa dentro de vocês que o rejeita. Mais do que isso, ele ressuscitou dos mortos e os encheu de seu Espírito, de modo que agora vocês podem desejá-lo mais do que a qualquer outra coisa.

Ele é aquilo do qual você realmente precisa hoje de maneira muito prática, mas você verá a sua necessidade — e seus filhos verão suas próprias necessidades — apenas quando suas conversas chegarem abaixo da superfície e envolverem o coração deles.

28
Lidere com o seu pior pé na frente

Você precisa desafiar seus filhos no nível do coração deles quando se envolvem na adoração falsa, para que possam ver a verdadeira necessidade que eles têm de Cristo. Mas esse desafio irá expô-los e, se você não tiver cuidado, isso irá deixá-los inseguros e desprotegidos.

Como você pode convidá-los para um lugar de vulnerabilidade que eles estariam dispostos a abraçar? Você vai lá primeiro. Você se faz vulnerável num nível maior do aquele para o qual você os convida. Você deixa claro para os seus filhos que você tem tanta necessidade quanto eles e que, consequentemente, se há esperança para você, então certamente há esperança para eles. Isso é o que Paulo faz em sua carta aos cristãos em Roma.

Paulo não conhecera pessoalmente as irmãs e os irmãos romanos, mas isso não o impediu de ser extremamente honesto sobre a necessidade que aqueles irmãos tinham de Cristo. Eis aqui um breve vislumbre de si mesmo extraído da carta que ele lhes escreveu:

> Porque bem sabemos que a lei é espiritual; eu, todavia, sou carnal, vendido à escravidão do pecado. Porque nem mesmo compreendo o meu próprio modo de agir, pois não faço o que prefiro, e sim o que detesto. Ora, se faço o que não quero, consinto com a lei, que é boa. Neste caso, quem faz isto já não sou eu, mas o pecado que habita em mim. Porque eu sei que em mim, isto é, na minha carne, não habita bem nenhum, pois o querer o bem está em mim; não, porém, o efetuá-lo. Porque não faço o bem que prefiro, mas o mal que não quero, esse faço. Mas, se eu faço o que não quero, já não sou eu quem o faz, e sim o pecado que habita em mim. (Rm 7.14-20)

Preste atenção. O mestre teólogo que explorou o mistério de Cristo e escreveu grande parte das nossas Escrituras do Novo Testamento acabou de dizer: "Eu não entendo minhas próprias ações — o que estou fazendo não faz nem um pouco de sentido para mim. É uma loucura fazer as coisas que odeio fazer. Eu não entendo" (veja 7.15).

Você pode ouvir a confusão e a frustração de Paulo na forma como ele escreve em círculos: "Pois não faço o que prefiro, e sim o que detesto. Ora, se faço o que não quero, consinto com a lei, que é boa" (Rm 7.15-16).

É como se ele estivesse dizendo: "Eu gosto do que vejo na lei. Eu concordo com ela. Sei que se eu amasse meu próximo como a mim mesmo, então este seria um bom mundo para se viver, e eu quero esse bom mundo. Eu quero um mundo onde você confie em mim e eu confio em você. Quero um mundo onde eu desejo o melhor para você e não quero usá-lo. Quero um mundo onde eu seja honesto com você e você seja honesto comigo, porque ambos sabemos que não vamos nos machucar com o que conhecemos um do outro. Quero que as crianças vivenciem esse mundo, cresçam nele e se tornem esse mundo... e ainda assim eu o arruíno".

Há uma profunda luta de alma dentro de Paulo que não é do passado, mas do presente. Observe o tempo verbal. Paulo está escrevendo sobre o agora, no presente. Essa não é uma luta histórica e abstrata que ele está descrevendo. É uma luta pessoal presente, inquieta, contínua.

Você pode ouvi-lo dizer: "Em vez de fazer o bem, eu faço o que odeio. Eu faço as coisas que arruínam relacionamentos. Eu passo mais tempo pensando no que quero dizer do que no que você está tentando falar. Eu me promovo infinitamente. Passo por cima de você. Eu o ignoro. Fico obcecado com as coisas que você me fez, e as seguro firmemente em minha mente, recusando deixá-las ir embora. Eu penso longa e duramente em como me vingar de você e fazê-lo pagar. E nada disso nunca é satisfatório e só nos afasta uns dos outros. Eu odeio isso e faço isso" (veja v. 19).

Tudo começa a parecer sem esperança, até que você percebe que o verdadeiro eu de Paulo — o "eu" dos versículos 17 e 20 que realmente conta — não está mais envolvido em fazer o mal. Houve uma mudança interna. É como se Paulo estivesse dizendo: "Eu ainda posso fazer coisas ruins, mas não gosto de fazê-las. Em vez disso, quero fazer algo diferente. Eu desejo algo muito melhor. Minha identidade fundamental não está em ser feio para você, mas em ser bom para você, e é aí que a confusão entra. Há essa outra coisa — o pecado — que vive dentro do 'eu' que realmente conta como eu".

Paulo é suficientemente explícito em sua luta, para que todos nós reconheçamos a mesma luta em nós mesmos e possamos nos identificar com ele. Mas então ele nos aponta, além da luta, para uma realidade mais profunda: foi-nos dada uma nova natureza pelo Deus que nos resgatou. Ao continuar a ler a carta de Paulo, você aprende que esse Deus nunca desistirá de você, nem permitirá que coisa alguma se interponha entre ele e o novo "eu" que ele fez de você (Rm 8.31-38).

Essa é a recompensa. Paulo tem compartilhado algumas coisas feias, mas apesar de quão ruins as coisas realmente sejam, nada disso é ruim o suficiente para manter Cristo longe dele — o que significa que também não há nada ruim o suficiente em você para manter Cristo longe.

E isso vai um pouco contra a maneira de pensar de alguns de nós. Eu posso imaginar alguém há milhares de anos dizendo: "Você conhece Paulo, você tem alguns problemas aqui. Há algumas coisas das quais você precisa cuidar antes de ser de qualquer valia para qualquer outra pessoa. Portanto, talvez você devesse obter alguma ajuda. Você sabe, consulte um conselheiro ou algo assim. Uma vez endireitado, então você estará pronto para ministrar a outras pessoas".

Paulo compreende uma verdade mais profunda: ele nunca superará sua necessidade por Jesus, mas essa realidade não o desqualifica para o ministério. Ao contrário, ela pode tornar o ministério possível à medida que ele constrói um relacionamento com pessoas as quais ele nunca conheceu, baseado na necessidade que todos eles têm de Cristo. Suas lutas não o isolam dos outros. Elas são a ponte que o liga aos companheiros de luta que precisam da mesma esperança do evangelho que ele próprio tem.

Falar sobre suas próprias experiências de necessidade de Cristo é uma parte importante no processo de chamar seus filhos a experimentarem a graça por si mesmos. Isso significa que se você não está disposto a usar suas histórias de fracasso para ajudá-los tanto quanto Paulo usa as dele para ajudar você, então é necessário perguntar-se o porquê disso.

Convença seus filhos de que você precisa de Jesus tanto quanto eles

Eu vinha observando meu filho, Tim, durante vários dias perdendo cada vez mais o controle de sua vida: passando um tempo sem fim assistindo a vídeos em seu telefone, espalhando seus pertences por toda a casa, ingerindo toda e qualquer delícia assada em enormes quantidades — em suma, vivendo uma vida sem limites.

Eu sabia que precisava trazer essas coisas à sua atenção, mas também sabia que isso poderia facilmente dar uma sensação desmoralizante, especialmente se eu me deparasse com a minha própria necessidade de organização. Por isso, optei por lhe contar sobre uma noite recente em que havia perdido todo o autocontrole.

As noites de domingo podem ser uma verdadeira luta para mim com a televisão. Como pastor, o domingo é o fim da minha semana e, em vez de ser um dia que me introduz ao meu dia de folga, é o ponto para o qual toda a minha semana está se direcionando. É um dia muito público, compartilhado com várias centenas de pessoas, que muitas vezes culmina com a pregação em dois cultos. No final dele, tudo o que eu quero é algum tipo de entorpecimento, e a TV promete entregar exatamente isso.

É tão fácil navegar desapercebido nos canais, passando de uma estação para a próxima — não porque eu me importo com qualquer coisa a que estou assistindo, mas porque quando estou assistindo, não tenho que pensar, não tenho que sentir e não tenho que processar o dia. É essencialmente uma droga eletrônica. E assim como outras drogas entorpecentes, você nunca tem o suficiente.

Assim, contei a Tim sobre a noite em que eu estava indo e voltando entre o *World Series* e o *Sunday Night Football*, até que ambos terminaram e eu passei a assistir às reprises de *Elementary* e de *Person of Interest*. E lhe contei como eu sabia que precisava parar e simplesmente ir para a cama, mas continuei assistindo mesmo assim enquanto os ponteiros do relógio iam das onze da noite às onze e meia e à meia-noite, até que finalmente consegui desligá-la à meia-noite e meia. Parece ridículo, mas eu precisei do poder de Deus para conseguir até mesmo isso. Esse é o nível da minha necessidade.

Foi útil para Tim ouvir que ele não está sozinho em suas lutas, e que eu percebo como é impossível dizer não a si mesmo — e que mesmo assim Jesus não nos abandona. Nós ainda podemos correr até ele para pedir ajuda e para mudar, porque ele ainda nos ama.

Tivemos uma boa conversa sem nenhum sinal de defensividade. Foi semelhante a outras vezes em que repreendi a mim mesmo por fofocar, intimidar, ser violento, roubar, comer demais, beber demais, ver coisas que eu não deveria, mentir e manipular.

Semelhante à experiência do apóstolo Paulo, eu vi essas confissões construírem pontes simplesmente reconhecendo o que é óbvio para todos: que eu não sou organizado, mas conheço alguém que de qualquer maneira me ama e está trabalhando horas extras para me mudar.

Estar vulnerável também teve o efeito inesperado de conseguir ajuda para mim. Logo no domingo seguinte depois de nossa conversa, Tim enfiou sua cabeça na toca a caminho da cama e disse: "Certifique-se de ir para a cama antes da meia-noite e meia, ok?

E eu o fiz. Mas só porque tive alguém que entrou corajosamente em meu mundo para falar honestamente comigo — alguém que entende minhas fraquezas e aprendeu a introduzir-se em lugares com suas palavras para ajudar outros que lutam da mesma maneira que ele. Sem ele, tenho quase certeza de que não teria conseguido naquela noite.

Você precisa daquilo que você está oferecendo aos seus filhos. E eles precisam saber que você está consciente de suas próprias necessidades e ainda mais consciente de seu Salvador, que atende a cada uma delas.

29
Construa pontes com os seus fracassos

Talvez você fique um pouco nervoso em contar a seus filhos algumas de suas lutas passadas. Talvez você esteja pensando como uma mãe que me disse: "Tenho medo de que se eu compartilhar muito sobre o meu passado, então meu filho pense que está tudo bem em fazer o que ele está fazendo, pois eu o fiz e me saí bem; ou ele perderá o respeito por mim pelo que eu fiz".

O apóstolo Paulo parece pensar que o risco vale a pena. Ele não apenas descreve suas lutas em Romanos, mas, em outros lugares, também confessa de bom grado o que fez para se qualificar como o "principal" dos pecadores (1Tm 1.15). Quando leio essas passagens, nunca sinto que tenho um passe livre para pecar, e minha estima por Paulo só aumenta cada vez que ele arrisca sua reputação só para me ajudar a enxergar Jesus um pouco melhor.

Essa também tem sido a minha experiência com meus filhos. No mínimo, eles parecem me respeitar mais e estão mais abertos a compartilhar a vida comigo à medida que eu compartilho a minha com eles. Dito isso, há várias coisas que você aprende nas Escrituras que devem orientar como você fala com seus filhos sobre o seu passado.

Em primeiro lugar, você precisa dar detalhes o suficiente para que seus filhos acreditem que você realmente entende o que é estar no lugar deles, mas não dar tantos detalhes a ponto de os convidar a pecar vicariamente por meio de sua recontagem.

Quando Deus lhe conta a história de Davi seduzindo Bate-Seba em 2Samuel 11, você sabe exatamente o que aconteceu quando ele olhou para ela do outro lado do terraço, mas nunca uma única vez você recebe detalhes que fiquem no limiar do pornográfico. A história não incita sua imaginação nem o seduz a ficar ao lado de Davi e a entregar-se a fantasias sexualizadas como ele fez.

Pelo contrário, você sabe o que aconteceu e sente repulsa. Da maneira como a história é contada, nada do que Davi faz tem o mínimo de atraente. Do seu descumprimento do dever, seu voyeurismo até suas múltiplas traições sem fé, tudo aquilo é feio e você sente isso.

Ao compartilhar suas histórias de fracasso com seus filhos, tome cuidado para não fazer com que o mal involuntariamente pareça bom ou agradável, ou que valha a pena, ou que seja divertido ou gratificante. Proteja seu coração especialmente da tentação de se fazer parecer inteligente, poderoso, ousado, espirituoso ou desejável.

Histórias de fofocas e calúnias não devem terminar com você tendo a última palavra. Histórias de bullying não devem terminar com a outra pessoa recebendo o que merecia. Histórias de roubo não podem terminar com você tendo lucro.

Histórias de conquistas sexuais ou comerciais não podem terminar com você sendo bem-sucedido.

As histórias de pecado precisam mostrar a quebra que resulta da recusa de viver à maneira de Deus no mundo de Deus. Aponte os efeitos horizontais da depravação, como você trouxe danos aos outros e também a si mesmo. Não se esqueça de falar das consequências internas que são mais difíceis de ver, como os sentimentos de culpa, arrependimento, tristeza, embaraço, vergonha ou, pior ainda, uma consciência cauterizada e endurecida.

Em outras palavras, fale sobre o que você fez de uma maneira que revele a natureza verdadeira e feia do mal pelo que ele é (Ef 5.11). Quando você fizer isso, seus filhos não vão querer correr para o pecado a fim de experimentá-lo. Pelo contrário, eles ansiarão pela redenção, por alguém que virá e redimirá o que você arruinou.

Então, em segundo lugar, você lhes fala do Redentor. Conte sua história de tal forma que Jesus seja o herói e não você; caso contrário, você ensinará a seus filhos que eles devem ser os futuros heróis de suas próprias histórias. Isso significa que você não lhes conta histórias para "assustá-los diretamente" com base nas coisas que aconteceram com você. Nem conta parábolas modernas e contos de advertência que terminam com uma lição moralista: "Não seja como eu quando eu tinha sua idade".

A única razão pela qual você está disposto a mergulhar no seu passado é para mostrar como você precisa de um Deus que salva os pecadores do falso culto ao qual eles se escravizaram. Essa é a verdadeira história da Escritura. Não se trata de paradigmas humanos de virtude que triunfam ou de estudos de caso de vilões que encontram maus caminhos. Trata-se de um Deus justo e redentor que invade a vida de seu povo, contra todas as probabilidades, a fim de resgatá-los e de restaurar o que eles quebraram. Contar sua história de qualquer outra maneira colocará de lado o arco narrativo do que Jesus está fazendo ao longo da história humana.

Você precisa experimentar novamente o evangelho quando seus filhos o virem falhar

Anos atrás, um amigo me lembrou do papel crucial que nossas palavras desempenham para ajudar as pessoas a verem esse Jesus que invade nosso mundo. Essa conversa me fez questionar quão bem minha esposa e eu estávamos nos saindo em comunicar isso aos nossos filhos. Por isso, quando estiver em dúvida, pergunte. Enquanto almoçávamos todos juntos num domingo, falando sobre a importância de nossas palavras, perguntei: "Onde vocês acham que mamãe e eu somos bons em ajudá-los a ver Jesus quando falamos com vocês?".

As crianças falaram sobre como nos achavam gentis, compassivos e amorosos com eles. Então Cass acrescentou: "Vocês também nos ajudam a vê-lo mais claramente quando nos perdoam... bem, pelo menos a mamãe faz isso". Depois, olhando para mim, ela disse: "Você não é tão bom nisso".

Eu acenei com a cabeça. "Sim, você está certa. Ela é muito melhor nisso do que eu. E eu estou realmente feliz que você tenha dito isso porque está nos levando à segunda pergunta que eu queria fazer: onde vocês três enxergam que nós ainda precisamos crescer para mostrar Cristo a vocês?".

Havia muita coisa que eles puderam dizer e que tinham o potencial de ajudar Sally e eu a nos tornarmos melhores pais. Foi uma boa conversa, mas também havia um perigo oculto que tinha o potencial de minar nossa parentalidade. Teria sido tão fácil ignorarmos o evangelho e transformarmos os comentários deles em admoestações moralistas como: "Pai, trabalhe mais arduamente para perdoar".

Ora, eu preciso crescer em minha habilidade de perdoar? Com certeza. Mas será que posso fazer isso à parte do meu Redentor? De forma alguma. O caminho para longe do moralismo está, em primeiro lugar, na conexão com Cristo. O motivo pelo qual sou tão ruim em perdoar é que eu não aprecio plenamente ou não tenho a experiência de ser perdoado. Se eu o fizesse, o perdão fluiria mais naturalmente de Cristo para mim, e de mim para os meus filhos.

Isso não me dá licença para ficar amargurado e impassível quando estou chateado com meus filhos. Mas quando me recuso a perdoá-los, minha frieza para com eles precisa me fazer consciente do quanto preciso do Deus cujas morte e ressurreição apagam o meu pecado.

O que está acontecendo quando dou um gelo nos meus filhos? Estou tentando fazê-los pagar pelo que fizeram, congelando-os no relacionamento. Naquele momento, não são eles que mais precisam do meu perdão. Sou eu quem mais precisa do perdão de Deus. Não estou mais tentando entrar no mundo deles e tratando-os como tenho sido tratado. Em vez disso, estou retendo deles exatamente a mesma coisa que tenho tido tanto prazer em receber.

Isso significa que eu preciso experimentar novamente o perdão de Deus para meu coração duro e me surpreender mais uma vez com sua infinita graça em minha vida e seu compromisso para comigo. Preciso experimentar mais uma vez a realidade de que nada pode me separar dele (Rm 8.31-38) — nem mesmo minha atual indelicadeza para com minha família. E interagir com ele, sendo perdoado, me transforma. Eu me torno mais rápido em perdoar ao perceber o quanto fui perdoado. E fico mais disposto a ouvir que ainda tenho um longo caminho a percorrer.

É nada menos que um milagre da graça dele o fato de que minha família pudesse ter aquela conversa ao redor da mesa de almoço naquela tarde. Por muito tempo, eu pensei que a crítica construtiva era uma espécie de oxímoro: as pessoas podiam ser construtivas ou críticas, mas não as duas coisas. Por ter construído meu valor e minha identidade pessoal sobre o quanto eu estava indo bem na vida, eu não suportava ouvir falar de momentos em que eu não estava indo bem. Essa é uma receita para o desastre como pai.

Como você passa de ser esse tipo de cara fechado e defensivo para alguém que está disposto a ouvir seus filhos dizerem: "É, você não é um pai tão bom às vezes"? É saber que nada pode separá-lo do amor de Deus. O que me mudou — o que continua me mudando — é a Palavra de Deus, falada do Pai para mim, seu filho.

Suas palavras me ajudam a conhecer seu coração: que estou absolutamente seguro com ele. Que minha reputação está segura, porque ele me protege. Que eu sou muito mais profundamente amado do que já ousei imaginar. Que ele está trabalhando em mim agora e não desistirá até que eu seja puro e perfeito, assim como Cristo é. Que ele levou embora todas as coisas erradas que eu já fiz contra ele e também a penalidade por ter feito o errado. Que neste exato momento, ele não está zangado comigo. Que ele gosta de mim e quer ser meu amigo.

E, à medida que a realidade do que ele diz é filtrada em minha alma, não me importo de dizer a você onde estive e o que fiz, não para que você fique impressionado comigo, mas para que fique impressionado com ele. Seus filhos precisam ouvir o mesmo de você, especialmente naqueles momentos em que você precisa falar honestamente com eles sobre os fracassos deles.

30
Espere que seus filhos cometam erros

Cada dia como pai requer que você se manifeste, pois um de seus filhos pisou na bola. Pode ser que você não se sinta preparado, mas você tem que dizer algo quando seu filho:

- acabou com toda a água quente... novamente; ou pior,
- tem ensinado ao seu irmãozinho palavras especiais que você não usa e não acha que deveriam ser usadas; ou pior ainda,
- tem usado mal as ferramentas de busca do computador para procurar coisas que ninguém deveria ver.

Em outras palavras, você precisará dizer algo todos os dias porque todos os dias seus filhos criarão um problema para si mesmos ou para outra pessoa.

Mas alguns dias você simplesmente não vai querer intervir mais uma vez e dizer alguma coisa. Às vezes, você está cansado de dizer as mesmas coisas repetidas vezes e de ser ignorado. Às vezes, você está confuso e não tem ideia do que dizer. E então há momentos em que você sabe que aquilo que você quer dizer não será bom de ser dito. O que você faz, então?

É aí que você precisa se lembrar de que você e seus filhos são normais, mas seu Deus é excepcional. Hebreus 5.1-3 alcança você nesse lugar:

> Porque todo sumo sacerdote, sendo tomado dentre os homens, é constituído nas coisas concernentes a Deus, a favor dos homens, para oferecer tanto dons como sacrifícios pelos pecados, e é capaz de condoer-se dos ignorantes e dos que erram, pois também ele mesmo está rodeado de fraquezas. E, por esta razão, deve oferecer sacrifícios pelos pecados, tanto do povo como de si mesmo.

Observe que os sacerdotes do Antigo Testamento eram exatamente como as pessoas a quem eles serviam — pessoas sujeitas à fraqueza. A palavra grega traduzida por "fraqueza" dá um soco realmente forte. Ela significa algo como: nossa condição humana básica que nos torna vulneráveis a ceder quando tentados pelo pecado ou quando estamos sofrendo.

É essa experiência de estar sujeito à fraqueza que move um sacerdote a lidar gentilmente com as pessoas. Os sacerdotes sabem como é difícil viver uma vida santa. Eles vivenciam experiências humanas e sabem como é difícil fazê-lo bem.

Eles também sabem que precisam de um sacrifício para si mesmos (Hb 5.3). Eles precisam daquilo que oferecem aos outros e isso os impede de olhar de forma depreciativa para qualquer outra pessoa em necessidade. A experiência em primeira mão que eles têm com a fraqueza os move a tratar as pessoas de forma gentil.

Curiosamente, parte do que era verdade para meros sacerdotes humanos é também verdade para nosso sacerdote divino-humano. Essa palavra, "fraqueza", apareceu alguns versículos antes em Hebreus 4.15, onde aprendemos algo sobre Jesus: "Porque não temos sumo sacerdote que não possa compadecer-se das nossas fraqueza [mesma palavra que aparece em 5.2]; antes, foi ele tentado em todas as coisas, à nossa semelhança, mas sem pecado".

Jesus tem empatia por você porque sabe exatamente como é difícil para você viver com suas fraquezas humanas. É por isso que ele passou mais de três décadas neste planeta. Você já se perguntou por que ele não apareceu apenas para a crucificação? Se tudo o que ele precisava fazer fosse simplesmente morrer por nosso pecado, por que ele se preocupou em nascer e passar por todas as coisas pelas quais passou durante tanto tempo, como ele fez?

É porque ele precisava desse conhecimento interno, da experiência da condição humana, a fim de que ele pudesse ser o tipo certo de Sumo Sacerdote para você depois que ressuscitasse dos mortos.

Se ele não soubesse como era difícil ser você, você poderia ser tentado a pensar: "Certo, já que Deus não tem uma experiência em primeira mão sobre como é ser um humano, ele não pode saber como é difícil viver neste planeta e fazer o que é certo. Se ele não conhece a fraqueza, eu provavelmente não deveria esperar muito dele. Em algum momento, ele vai se fartar e decidir que eu não valho a pena o trabalho".

Você nunca pode pensar isso porque Jesus sabe como é difícil para você. Ele não olha de forma depreciativa para você quando você tem dificuldade. Em vez disso, ele sente o que você sente — isso é o que significa empatia — porque ele já viveu aquilo. Ele pode não ter tido suas experiências exatas, mas durante os mais de trinta anos em que viveu aqui, ele teve o suficiente a partir das suas próprias experiências, a ponto de sentir todas as tentações que você já teve.

- Ele conhece a frustração de uma conversa que não começa bem, não continua bem e não termina bem.
- Ele conhece a incerteza de se perguntar se a outra pessoa vai ou não realmente ouvir o que você está dizendo.
- Ele conhece o desânimo de sentir que você está tendo a mesma conversa que teve uma dúzia de vezes antes, porque a outra pessoa *ainda* não entendeu o ponto.
- Ele conhece a tentação de querer apenas acenar com a cabeça e concordar para que você possa acabar logo com o assunto.
- Ele entende como você é tentado a martelar seus pontos de vista, dizer apenas metade do que você acha que precisa dizer, ou simplesmente parar, desistir e ir embora.

Jesus foi tentado em todos os sentidos por causa do que ele experimentou. E a melhor parte? A experiência dele não o endureceu. Ele nunca lhe dirá: "Olhe, eu fiz isso. Foi difícil, sim, mas eu consegui, por isso, apenas engula o choro". Em vez disso, ele se compadece de você. Pelo fato de saber o que você sente por dentro, você pode ter certeza de que ele o ajudará quando você pedir (Hb 4.16). Ele lida com você gentilmente, como qualquer sacerdote humano deveria fazer (Hb 5.2).

Jesus o comprou a fim de que você lide gentilmente com os outros da forma como ele lida com você

E, então, esse mesmo Jesus volta-se e faz de você o mesmo tipo de sacerdote que ele é. Isso é parte do motivo pelo qual ele é louvado pelas criaturas celestiais na sala do trono de Deus. Ouça o que lhe é dito em Apocalipse 5.9-10:

> Digno és de tomar o livro
> e de abrir-lhe os selos,
> porque foste morto e com o teu sangue
> compraste para Deus
> os que procedem de toda tribo, língua, povo e nação
> e para o nosso Deus os constituíste reino e sacerdotes;
> e reinarão sobre a terra.

Jesus o comprou com seu sangue para fazer de você um sacerdote que agora serve ao nosso Deus. Esse é você. Agora você é um sacerdote que serve aos outros da mesma forma que Jesus lhe serve. Você envolve as pessoas, especialmente seus filhos, da maneira como Jesus o envolve.

E assim Hebreus 5.2 se torna um modelo para suas conversas: lidar gentilmente com as pessoas que são ignorantes e que erram, ou como diz a NVI, "que não tem conhecimento e se desviam". Uma vez que a passagem descreve o tipo de sumo sacerdote que antecipou quem Jesus seria, e uma vez que esse é o tipo de sumo sacerdote que Jesus é, então esse é o tipo de sacerdote que Jesus faz de você.

Isso significa que você aprende a não se surpreender quando as pessoas são ignorantes e se desviam. Ao invés disso, você espera isso. Você percebe que isso faz parte da condição humana. As pessoas — inclusive os cristãos; inclusive seus filhos — são ignorantes e se desviam.

Às vezes, eles não fazem ideia de que o que estão fazendo é ruim — são sem noção, ignorantes. E, às vezes, eles têm uma noção, mas o fazem de qualquer maneira — são obstinados, se desgarrando.

Ser ignorante e se desviar é uma forma de resumir o problema da raça humana. É o que se interpõe no caminho do conhecimento de Deus, porque entra em conflito com a sua santidade. É algo que fica no caminho dos relacionamentos, pois a ignorância voluntariosa de uma pessoa a coloca em rota de colisão com a ignorância voluntariosa de todas as demais pessoas. E isso é verdade para cada pessoa com quem você vai falar hoje. Cada um tem a tendência de ser ignorante e de se desgarrar.

Seus amigos são ignorantes e estão se desviando. Seu cônjuge é ignorante e está se desviando. Seus vizinhos são ignorantes e estão se desviando. Seus colegas de trabalho são ignorantes e estão se desviando. Você é ignorante e está se desviando. E seu filho é ignorante e está se desviando.

Isso é verdade, e não é o que nenhum de nós quer ouvir. Queremos relacionamentos com pessoas que não sejam ignorantes ou que não se desviem. Queremos relacionamentos em que a outra pessoa faz a coisa certa na maioria das vezes e não temos que dizer nada a ela.

Alguém em minha família ficou frustrado um dia e disse: "Por que ele é tão irritante?". Ora, há três homens em minha casa e um gato macho, e o "ele" poderia ter sido qualquer um de nós quatro que eram irritantes.

É assim que nós somos. É assim que nós chegamos e é frustrante confiar nas pessoas que têm que viver conosco. Mas é ainda mais frustrante se você não espera que sejamos irritantes.

Isso era o que a pessoa irritada estava dizendo. Em sua mente, a pessoa irritante não deveria ser irritante. Ela supostamente deveria ser relativamente fácil de se dar bem. Ela não deveria causar frustração. E porque a pessoa que está irritada não espera que os outros sejam difíceis de lidar, ela diz: "Por que ele é tão irritante?".

Naquele momento, a pessoa frustrada não está falando como um sacerdote, pois não está esperando que o resto de nós seja ignorante e se desvie.

Do que você e eu precisamos no momento em que estamos aborrecendo? Precisamos de um daqueles sacerdotes que Jesus comprou. Não precisamos de alguém que ofereça sacrifícios por nós — Jesus já fez isso, de uma vez por todas —, mas precisamos de alguém que entre em nossos momentos de irritação com palavras que sejam úteis, e não prejudiciais. Precisamos de alguém que entre em nossa fraqueza e em nosso pecado, e nos indique uma direção melhor. É para isso que Cristo o comprou — para quando as pessoas ao seu redor forem irritantes.

Mas você não será esse sacerdote se espera que as pessoas não sejam ignorantes e se desviem. Conheço um engenheiro que era incrivelmente paciente sempre que os aparelhos quebravam em casa. Ele os desmontava, localizava o problema e os montava novamente. Ele era muito paciente com as coisas, mas não muito paciente com as pessoas que viviam na casa. Uma dessas pessoas, tentando dar sentido à sua realidade, me disse: "É porque ele não espera que as máquinas funcionem bem, mas espera que as pessoas funcionem bem".

Você nunca será um sacerdote se esperar que as pessoas funcionem bem. Não estou dizendo que não faz mal que alguém seja ignorante e se desvie. Não está tudo bem — isso é profano. Mas não é uma surpresa — você deve esperar que isso vá acontecer.

Isso significa que, como um sacerdote comprado com sangue, você tem que comunicar que ainda quer se envolver com pessoas irritantes, mesmo quando elas não funcionarem direito. Parte da criação de filhos envolve sair do seu caminho para que seus filhos saibam que você pode lidar bem com as falhas deles. Se você deixar que eles saibam que vai lidar mal com eles, isso não significa que eles deixarão de ter problemas. Significa apenas que você não vai ficar sabendo dos problemas que eles têm.

Quando Timmy tinha idade pré-escolar, ele nos contou sobre um dia em que foi à casa de um amigo para brincar no inverno e como eles estavam quebrando pedaços de gelo juntos. Ele disse: "Havia terra no gelo, e eu comi um pouco", mas logo acrescentou: "Mas a peça que eu comi não tinha nenhuma terra!". Ah, os dias em que viver no limite significa estar no quintal, andando furtivamente pelo gelo sujo.

No mesmo dia, Cass chegou em casa da aula na primeira série e teve que nos dizer que foi pega na escola por ter um canivete em sua mesa... que ela havia roubado da minha pasta. Como isso foi apenas alguns anos depois do 11 de setembro, aquele lapso de julgamento realmente não foi bem-sucedido com a escola.

Dois mundos, colidindo na minha mesa de jantar: Timmy comendo gelo sem permissão; Cassie empacotando armas sem permissão. Mundos que eu escutei com o mesmo nível de calma.

Bem, calma não significa apatia. Discutimos minuciosamente a situação de Cass. Mas eu queria fazê-lo de uma forma que dissesse à minha família: "Quero ouvir seus problemas, não afastar vocês". Veja, se eu reagir mal aos tempos em que as pessoas são ignorantes e se desviam, elas continuarão ignorantes e se desviando; eu só não ficaria sabendo.

Cassie me disse várias semanas depois que ficou surpresa por eu não ter gritado com ela pelo incidente do canivete. Ao que eu disse: "Bem, de que ajuda seria se eu tivesse gritado?". Meu objetivo é reagir de tal maneira que eu possa ajudar a pegar os cacos que a minha família espalha. Você só pode fazer isso se estiver esperando que eles espalhem cacos — se você estiver esperando que eles sejam ignorantes e se desviem.

Os sacerdotes procuram oportunidades do evangelho — tanto para os outros quanto para si mesmos

Não se pode fazer alguém querer Jesus. Mas os momentos de ignorância e de voluntariedade são bons porque fica claro que a outra pessoa não pode fazer sua vida funcionar sem Jesus. Esses são os momentos para os quais você foi feito sacerdote, pois, naquele momento, seu filho precisa de alguém que o chame gentilmente de volta a Cristo.

Não deseje que esses momentos desapareçam. Não suspire, ou franza o cenho, ou pareça surpreso quando eles surgirem. Não anseie por crianças que dão pouco trabalho e que nunca precisam que você interceda e diga nada. Pare de desejar criar fariseus — crianças que parecem bem por fora, mas que estão em sérios problemas por dentro.

Jesus não o comprou com seu sangue para que você pudesse perder seu tempo desejando ter uma vida fácil — uma vida de ser totalmente inútil para as pessoas ao seu redor. Ele o comprou com seu sangue para que você pudesse ser um sacerdote que lida gentilmente com pessoas que são ignorantes e que se desviam.

Isso significa que quando você não quer começar uma conversa que adentra as confusões que as pessoas fazem e você não quer direcioná-las de volta ao Deus do qual elas precisam, então você precisa da mesma coisa que você está lhes oferecendo. Você precisa novamente do sacrifício dele, porque naquele momento você é ignorante e está se desviando, pois não está vivendo a vida que ele comprou para você.

A boa notícia é que ele ainda lida gentilmente com você. Ele não vai deixá-lo escapar dos desafios da vida, porque ele tem planos muito melhores para você. Confie nele para lidar gentilmente com você, para que você possa lidar gentilmente com os outros.

Peça ajuda a ele quando você não quiser ter mais uma conversa. Peça a ele que o perdoe por não querer falar. Peça a ele que lhe dê amor por seu filho que está em necessidade, e peça a ele que lhe dê palavras que permitirão que seus filhos experimentem o que é ser tratado de uma maneira gentil e semelhante à de Deus.

31
História ampliada: Pegando uma line drive[1]... ou não

Meu filho do meio, Timmy, espalhou muitos cacos uma noite e precisou de ajuda para recolher.

Ele estava jogando como campista central em um torneio de beisebol quando uma *line drive* ameaçou passar por cima de sua cabeça. Eu pensei: "Uh oh, isso é um problema", e esperava vê-lo correr atrás da bola. Em vez disso, fiquei admirado enquanto ele se encolheu em direção ao chão e se lançou no ar, com o braço esticado, agarrou a bola e depois caiu de volta para baixo.

Os pais enlouqueceram. O árbitro sinalizou "fora". O tempo acabou, e os meninos correram para fora do campo.

Mas a outra equipe desafiou a chamada. Tim havia desviado a mão da luva de forma estranha enquanto se levantava do chão, e a outra equipe argumentava que ele havia derrubado a bola.

Ao invés de apoiar sua chamada inicial, o árbitro jogou sua responsabilidade sobre um garoto de dez anos.

---

1 N. T.: Uma *line drive* ocorre quando o rebatedor rebate a bola para que ela voe rápido e em linha reta pelo ar, dando tempo suficiente para que ele corra pelas bases. É uma rebatida poderosa que faz com que a bola viaje próxima ao chão.

Posicionado atrás da base, ele estava muito longe do centro e não tinha visto claramente a jogada toda. Então, ele caminhou até Timmy e perguntou se ele tinha pegado a bola.

Rodeado por três técnicos e dez companheiros de equipe em um jogo apertado, Tim disse: "Sim". Mas eu não tinha certeza. Eu estava muito mais perto do campo, e realmente parecia que ele tinha se mexido para enfiar algo em sua luva.

Depois que o jogo terminou, caminhei com ele de volta para a van, elogiando-o por todas as suas boas jogadas, especialmente aquela jogada — que realmente foi incrível, mesmo que ele tivesse deixado a bola cair. Debruçando-me, eu fiquei no mesmo nível dele para olhá-lo nos olhos e disse: "Diga-me uma coisa. Você realmente pegou aquela bola, ou ela rolou?".

"Não, eu realmente a peguei."

"Certo", eu disse, não acreditando muito nele, "mas me escute. Só quero que você saiba que se alguma vez você fizer algo errado... como mentir sobre pegar uma bola sem ter realmente pegado, você pode me contar. Certo?".

"Certo", respondeu ele.

Achei que esse era o fim da história. Quando chegamos em casa, ele e sua irmã saíram e me seguiram por todos os lados enquanto eu reguei o jardim, depois vagueei pela casa até meu escritório e entrei no computador. Finalmente Cass foi buscar algo para comer, e foi quando Tim falou: "Pai... Você se lembra de quando disse que eu poderia lhe contar qualquer coisa...".

"Sim", eu disse.

Com lágrimas nos olhos, ele me contou como sua luva escorregou da mão depois de pegar a bola antes de pousar no chão — foi uma tacada realmente difícil! Ele falou sobre como um pandemônio surgiu ao seu redor. Como todos em sua equipe estavam dizendo a ele como aquela tinha sido uma grande pegada. A outra equipe estava gritando que não era. O árbitro estava fazendo perguntas a ele. E seu treinador lhe disse que ele não tinha que responder.

E tudo o que ele queria naquele momento era que as pessoas pensassem que ele tinha feito uma grande pegada. Então, sob toda aquela pressão — tanto interna quanto externa —, ele lhes disse o que eles queriam ouvir, mesmo não acreditando nisso. E imediatamente ele odiou fazer isso. Ele sentiu o fardo pesado que vem da mentira. Ele sentiu que sua equipe não merecia vencer e esperava secretamente que isso não acontecesse.

E eu apenas escutei, mais orgulhoso dele do que quando ele se preparou para a bola. Ele não estava assumindo a culpa de algo errado porque tinha sido pego. Muito pelo contrário. Ele tinha conseguido escapar. Mas ele não estava de bem com isso. Longe de ser endurecida, sua consciência estava trabalhando da maneira como Deus a projetou. E assim, aqui estava ele, corajosamente me permitindo ver o verdadeiro Tim. Isso exigiu pelo menos tanta coragem quanto teria sido necessária para assumir a verdade na frente de sua equipe.

Mas também foi preciso um convite para que ele achasse que valia a pena admitir que havia mentido. "Se você não tivesse me dito que eu poderia ir até você, eu não teria ido", disse ele, "mas pensei no que você disse durante todo o caminho de volta para casa, e mal podia esperar para falar com você". Ele me agradeceu por esse convite e compartilhou seu alívio por eu não estar zangado com ele.

Como eu poderia estar? Contei-lhe um evento recente em que eu tinha embelezado a verdade para que as pessoas rissem da história que eu estava contando. Contei-lhe como tinha percebido que o riso delas era mais importante para mim naquele momento do que o gozo de Deus de como eu contava a história. Eu falei sobre como eu tinha conseguido escapar e como me odiei depois, sobre como Tim e eu não somos tão diferentes assim.

Então oramos juntos, pedindo a Jesus que o perdoasse, mas também celebrando a obra de Deus nele para abrir os cantos escuros de sua vida que ele poderia ter mantido em segredo.

Conhecer e experimentar a graça de Deus significa que seus filhos, seu cônjuge, seus amigos, seus colegas de trabalho e todos os que você conhece terão problemas — de outra forma, como eles conheceriam a profundidade das riquezas da bondade de Cristo (Rm 11.32)? Você é a primeira experiência de como é a aparência da bondade e da graça, e de como elas são sentidas.

Por favor, não viva para que seus filhos sejam perfeitos. Ao invés disso, viva para que eles experimentem o amor perfeito por meio de suas imperfeições. Ao dar-lhes um gostinho de como é esse tipo de amor, isso lhes sinalizará o que eles podem esperar do Deus deles. Ao invés de recuar em choque quando eles fizerem besteira, acolha-os usando palavras que abracem.

32
Por que você realmente quer ter um estilo de vida perdoador

A dura realidade da vida neste planeta é que seus filhos pecarão contra você e você pecará contra seus filhos. Isso significa que, se você tiver alguma esperança de construir um relacionamento contínuo com eles, então o perdão é uma necessidade diária.

Infelizmente, porém, o perdão é um produto difícil de ser obtido. O perdão é caro. Você tem que desistir da sua exigência de fazer alguém pagar pelo quão difícil essa pessoa tornou sua vida. A alternativa — aplacar, ignorar, encobrir, explodir, permanecer amargo, exigir penitência — é muito mais comum, pois essas coisas permitem que você passe adiante o custo para a pessoa que fez o mal. Você acaba tentando fazer seus filhos pagarem, mesmo que ambos saibam que não podem pagar totalmente.

Dada nossa experiência em primeira mão de como é difícil perdoar, você pensaria que daríamos a Deus o crédito de que é ainda mais difícil para ele. Nós não damos. Acreditamos sutilmente que por ele ser Deus, deveria ser mais fácil para ele, o que nos leva a considerar o perdão dele como algo garantido. Nós o tratamos como se ele fosse menos pessoa do que nós e, portanto, menos investido pessoalmente no mundo dele do que nós no nosso.

Estou reconstruindo minha casa há mais de uma década. Não, ela não é tão grande assim; ela estava numa condição muito precária antes de nos mudarmos para cá. No presente momento, ela ainda não está terminada, mas estou orgulhoso do que fizemos. Orgulhoso e protetor um pouco além da conta. Sou conhecido por ficar irritado quando meus filhos pegavam a tinta, escreviam nas paredes, arranhavam o chão, batiam as portas ou corriam pelos canteiros de flores. Será que eles não perceberam o que estavam fazendo? Eles não perceberam quanto tempo demorei para tornar o lugar mais agradável?

Era especialmente difícil quando eles faziam a mesma coisa destrutiva uma segunda vez, uma terceira vez, e ainda outras vezes. A coisa ficava barulhenta, eu reclamava, me retraía ou me lastimava em autocomiseração, recusando-me a falar com as pessoas.

Isso é apenas um pequeno quarto de acre no qual trabalhei por alguns anos. Como seria derramar-se no universo por incontáveis eras criando uma representação visível de sua própria glória, apenas para que seus filhos estragassem tudo voluntariamente? Pegue qualquer exemplo que você queira, onde você trabalhou muito para criar algo que o agradou. Agora imagine alguém arruinando isso e pense se seria fácil para você liberá-lo do que ele fez. Pense em como seria difícil querer ter algo a ver com essa pessoa.

Quando tratamos nossos próprios pecados com brandura ou pedimos loquazmente a Deus que nos perdoe, assumimos que o perdão é muito mais fácil para ele do que para nós. Uma pequena reflexão mostra que, na verdade, é muito mais difícil. Então, por que Deus escolheria se sobrecarregar com o custo de nos perdoar? O Salmo 32.1-2 nos dá uma pista:

> Bem-aventurado aquele cuja iniquidade é perdoada,
> cujo pecado é coberto.
> Bem-aventurado o homem a quem
> o Senhor não atribui iniquidade
> e em cujo espírito não há dolo.

Por que perdoar alguém? Pois dessa forma essa pessoa é abençoada. Pense no que significaria se o Senhor atribuísse seu pecado contra você. Isso significaria que ele o considera responsável pelo que você fez, pelo efeito que isso teve sobre ele, sobre você e sobre os outros, e que ele o considera responsável por pagar por todos esses efeitos. Você seria responsável por desfazer todos os danos que você causou para que nenhum vestígio deles permanecesse. Em outras palavras, se ele atribui seus pecados a você, você está com uma dívida gerada por você que é impossível de pagar.

Além disso, o pecado é a expressão de um desejo interior de estar livre de Deus, de seus caminhos, de seus traços, suas características e de seus atributos tal como são expressos em um universo físico. Em suma, o seu pecado e o meu expressam nossa rejeição a ele, para o qual o inferno é o fim lógico, pois é o completo oposto dele; é a completa ausência de sua bondade e graça. O inferno é a recompensa apropriada por não querermos ter nada a ver com Deus.

Você vê agora porque você é abençoado quando Deus não atribui seu pecado a você? Você chamou o inferno sobre sua própria cabeça, e Deus interveio para que você não recebesse o que pediu. Ao invés disso, você recebe o Senhor. O perdão dele indica que o desejo dele de relacionar-se com você é maior do que a fúria dele pelo que você fez. Ele prefere pagar o custo no qual você incorreu do que ter sua ligação cortada com ele. Quando você estende o perdão aos seus filhos, sem atribuir os pecados deles a eles, você transmite a mesma mensagem.

Mas e se você não quiser perdoar? E se você não tiver vontade de perdoar? E se você acha que já fez mais do que a sua parte e que já ultrapassou o famoso setenta vezes sete de Jesus?

Comece por permitir-se ficar assustado. Reconheça o perigo em que você está se colocando, porque nesse momento você está decidindo ter uma maneira melhor de viver com as pessoas do que aquela que Deus escolheu para você.

Pior, perceba que você já provou a doçura de ser perdoado. Você sabe o que é não ser sobrecarregado com dívidas que você nunca poderá pagar, sabe que nada se interpõe entre você e Deus. Você desfrutou a leveza de não carregar sua culpa e, ainda assim, não permitirá que outra pessoa prove essa experiência no relacionamento com você.

No momento de falta de perdão, você está devolvendo o mal ao outro pelo bem que você recebeu. Em resumo, você está pecando. Novamente. Você está contraindo outra dívida que não pode pagar. E no momento em que você se recusa a perdoar, agora você precisa ser perdoado. Novamente.

Em outras palavras, você tem tanta necessidade quanto seu filho. Talvez mais. Seu filho pecou contra uma imagem de Deus. Você decidiu ir contra o próprio Deus. Eles podem ser seus filhos, mas Deus é seu Pai.

Apesar de tudo isso, ele ainda não o trata como seus pecados merecem. Por quê? Porque, ao não fazer você pagar, ele está lhe dizendo o quanto ele é sério em querer uma amizade com você. Então, vá. Seja abençoado por Deus, pedindo-lhe mais uma vez para não atribuir seus pecados a você. Então vá e abençoe os outros — seus filhos — em troca.

Posfácio
Você é um megafone

Você é um megafone. Você é feito à imagem de Deus e, portanto, fala com maior peso — para a glória ou para a vergonha — do que muitas vezes percebe, pois você fala como o representante visível de Deus na terra. Você não pode evitar isso. Mesmo que você se afaste e não fale por medo de dizer a coisa errada, seu silêncio seria ensurdecedor e, portanto, devastador para aqueles ao seu redor.

As palavras são poderosas. No início da história da humanidade, a serpente usou sua voz no jardim do Éden para semear dúvidas e desconfianças entre nós as quais originaram relacionamentos quebrados, primeiro com Deus e depois com todos os outros. É assustador a rapidez com que Adão se virou contra Eva e Eva contra a serpente com quem acabara de fazer amizade depois que ambos se voltaram contra Deus. O pecado despedaça os relacionamentos.

A graça, porém, os restaura, usando um conjunto diferente de palavras. As palavras da graça convidam, chamam, cortejam e perseguem, dando uma sensação de como poderia ser um relacionamento baseado na graça. É um convite que seríamos tolos em recusar para nós mesmos e que seria imperdoável de não ser oferecido aos que nos rodeiam.

Entrei em casa depois da igreja num domingo à tarde e fiquei imediatamente ciente de que algo estava muito errado. O clima era simplesmente pesado. Sally e Danny estavam sentados lado a lado no sofá da sala de estar, mas ninguém estava falando. Danny levantou-se lentamente, arrastou-se até mim, sem levantar a cabeça, e ficou em silêncio diante de mim.

"Ei, amigão", eu disse, estendendo a mão para abraçá-lo. "O que há de errado?".

Sua voz se partiu quando ele murmurou: "Eu quebrei a sua caneca".

Oh. Agora fazia sentido. Eu ganhei uma caneca de chá chique em uma aula que dei na Coreia alguns anos atrás. Ela era intricadamente decorada e distintamente asiática — um presente especial com o qual todos os alunos contribuíram para mostrar seu apreço ao professor visitante.

Essa caneca se tornara um item de primeira necessidade para a vida diária em nossa casa. Eu cresci bebendo chá todas as manhãs. Depois me casei com uma britânica, então tomamos chá pelo menos duas vezes ao dia, quer precisemos ou não, e sempre em nossas canecas favoritas. Agora, aparentemente, esta não mais faria parte de nosso ritual diário, e Danny estava profundamente chateado.

Eu acariciei seus cabelos para acalmá-lo e esperei até que as palavras tivessem uma chance de se aproximar. Demorei muito tempo para perceber que o evangelho tem um sentido de ritmo e de tempo. Até que as pessoas se sintam relativamente à vontade em sua presença, as palavras não fazem muito sentido para elas. Quando ele estava mais calmo, eu disse: "Você está certo. Minha caneca é especial para mim, mas você é muito mais especial".

Ele se agarrou a mim com mais força, então fomos ver os danos. Embora ela nunca mais fosse funcional, eu lhe disse que a caneca poderia ser colada e poderia decorar uma de nossas estantes. Depois lavamos as mãos com o resto da família e nos sentamos para almoçar. Tentando superar a nuvem que ainda pairava sobre nós, iniciei a conversa com nossa pergunta padrão da manhã de domingo: "Então, como vimos Jesus essa manhã?".

E Danny respondeu imediatamente: "Você".

Eu não tinha certeza do que fazer com esse comentário — adotar o senso de falsa humildade? Fingir que eu não gosto de ser equiparado a Jesus? Supor que eu sei exatamente o que ele quer dizer? Desconsiderar o que move seu coração porque me sinto desconfortável?

Nenhuma dessas opções constrói um relacionamento honesto — do tipo que Jesus constrói comigo —, então pensei que talvez fosse melhor deixá-lo compartilhar mais de si mesmo. Pegando uma página do manual de relacionamentos de Deus, tentei uma pergunta: "Como assim?".

"Bem", disse ele, "eu quebrei sua caneca e você não ficou bravo comigo. Isso é igual a Jesus".

"Isso é legal", eu disse. "Mas você sabe, ele é muito melhor. Você quebrou minha caneca por acidente e eu não fiquei com raiva. Nós quebramos o mundo dele de propósito e ele não nos maltrata." Então, todos nós fizemos uma pausa enquanto a realidade da incrível bondade de Deus mergulhava um pouco mais profundamente do que antes.

Eu sacrificaria com prazer a minha caneca, ou qualquer um de meus pertences, pela chance de ter conversas como essa. Na verdade, eu não preciso. Você também não precisa. Cada interação que temos comunica o que mais prende nosso coração, o que mais valorizamos, o que nos controla e o que molda a forma como vamos tratar os outros. Portanto, durante todo o dia, todos os dias, constantemente nos são dadas oportunidades normais e comuns para dizer três coisas muito importantes:

- "Esse é o tipo de pessoa que eu sou",
- "Esse é o tipo de relacionamento que você pode esperar ter comigo no futuro",
- "Este é um gostinho do Deus que eu conheço".

Cada uma dessas declarações vem com um convite implícito:

- "Você acha que eu sou alguém que vale a pena conhecer?",
- "Você quer continuar construindo essa amizade comigo?",
- "Você gostaria de saber mais sobre esse Deus que eu estou conhecendo?".

O risco é muito alto para ignorar a importância do que estamos comunicando. Infelizmente, assim como você, eu disse muitas coisas que levariam as pessoas a me rejeitarem e a rejeitarem meus convites.

Felizmente, meu grande Deus redentor, que trata as pessoas melhor do que você ou eu jamais poderíamos tratar, não me rejeitou. Ele é o Deus das segundas oportunidades ilimitadas que continua a falar comigo, convidando-me para uma amizade com ele — uma amizade que não pode deixar de mudar a maneira como eu falo com os outros.

Ele é o mesmo Deus que o convida. Aceite-o em sua oferta. Beba profundamente de sua amizade e transmita o que você sente dele aos que o rodeiam, uma palavra de cada vez.

FIEL MINISTÉRIO

O Ministério Fiel visa apoiar a igreja de Deus, fornecendo conteúdo fiel às Escrituras através de conferências, cursos teológicos, literatura, ministério Adote um Pastor e conteúdo online gratuito.

Disponibilizamos em nosso site centenas de recursos, como vídeos de pregações e conferências, artigos, e-books, audiolivros, blog e muito mais. Lá também é possível assinar nosso informativo e se tornar parte da comunidade Fiel, recebendo acesso a esses e outros materiais, além de promoções exclusivas.

Visite nosso site

www.ministeriofiel.com.br

Esta obra foi composta em AJenson Pro Regular 12, e impressa na
Promove Artes Gráficas sobre o papel Pólen Natural 70g/m²,
para Editora Fiel, em Agosto de 2023.